DAY&NIGHT
50일 영어 필사

더 완벽한 하루를 만드는

DAY&NIGHT
50일 영어 필사

제이·리아 지음
퍼포먼스 코치

웅진 지식하우스

프롤로그

지금,
나다운 삶을 살고 있나요?

"제가 뭘 원하는지 모르겠어요."
"남들은 쉽게 해내는 것 같은데…. 저는 왜 이렇게 어려울까요?"
"도대체 제 문제가 뭘까요? 누가 좀 알려줬으면 좋겠어요."

퍼포먼스 코치로서 사람들을 만나 그들의 고민을 나누고, 함께 나아갈 길을 모색하고, 때로는 새로운 목표를 제안하면서 이런 이야기를 많이, 정말 많이도 들었습니다. 그러면서 깨닫게 된 한 가지는 생각보다 많은 사람들이 나의 목표와 남의 목표, 나의 문제와 남의 문제, 나의 성과와 남의 성과를 혼동한다는 것이었습니다.

이 혼동을 바로잡지 못한 채 시간만 흘려 보내면 결국 '나'는 사라지고 이유조차 불분명한 불안 혹은 무기력만 남습니다. 사실 자세히 들여다보면 이미 자신이 원하는 삶을 살기에 충분한 능력을 가지고 있었음에도 말이죠.

우리는 어떻게 하면 이런 혼동을 겪는 사람들이 다시 올바른 방향을 되찾아 앞으로 나아가고, '나다운 삶'을 꾸려갈 수 있을지 오랜 시간 고민하고 연구했습니다. 운동을 전공한 취업준비생부터 쉴 틈 없는 일과를 보내는 워킹맘, 긴 해외 생활에 공허감을 느끼는 대학 교수, 목표 없는 성과에 지친 대기업 임원까지 다양한 사람들과 깊은 대화를 나눴고, 여러 코칭 도구들을 활용하며 변화를 시도했습니다.

그 과정에서 우리가 찾은 가장 간단하면서도 효과적인 방법은 바로 '영어 필사'였습니다.

필사 — 나에게 필요한 생각을 새기는 습관

생각을 단지 생각인 채로 머릿속에 흐르고 돌아다니게 두면 자칫 생각이 부정적인 방향으로 빠지기 쉽습니다. 코칭에서는 이를 '생각의 늪'이라고 불러요. 사실, 생각의 늪은 자연스러운 현상입니다. 인간의 뇌는 본능적으로 스스로를 보호하도록 설계되어 있습니다. '내가 실수한 게 아닐까?' '내가 틀렸으면 어쩌지?' '치명적인 변수가 있지는 않나?' 같은 생각들은 만일의 사태에 대비하려는 방어 체계 중 하나예요.

따라서 이런 부정적인 생각들을 없애고 밀어내려는 노력은 큰 효과가 없습니다. 생각의 늪에서 벗어나는 데 가장 좋은 방법은 나에게 필요한 긍정적인 생각들을 미리 머릿속에 입력해두는 것입니다. 부정적인 생각에 쉽게 빠지지 않도록 내면에 단단한 지지대를 세우는 것이죠.

머릿속에 무언가를 새기기에 직접 손으로 적는 것만큼 확실한 방법은 없다는 건 이미 잘 알려져 있습니다. 이 책에서 우리가 강조하고 싶은 것은 '무엇을 적어서 머릿속에 새길 것인가'입니다. 유려하고 감성적인 문학 작품이나 강렬하고 의미심장한 명언도 물론 필사하기에 좋습니다. 감수성이나 문장력을 키우는 데는 특히 많은 도움이 될 거예요.

하지만 필사의 목적이 나다운 삶, 성장하는 삶이라면 조금 다릅니다. 내가 무엇을 원하는지, 그것을 위해 어떤 일을 해야 하는지 생각하게 하는 글, 스스로를 들여다보고 앞으로 나아갈 힘을 주는 글이 필요해요. 우리는 그런 문장들로 이 책을 채웠습니다.

영어 필사 – 낯선 언어로 단련하는 생각 근육

그렇다면 왜 하필 '영어' 필사일까요? 매일 같은 장소에서 같은 활동을 반복하면 늘 같은 근육만 쓰게 됩니다. 뇌도 마찬가지입니다. 익숙한 환경에서는 창의적인 생각을 펼칠 수 없어요. 영어는 잘 사용하지 않던 생각 근육을 깨우는 도구입니다. 낯설지만, 그렇다고 완전히 초면은 아닌 도구죠.

같은 뜻의 문장도 한국어로 적을 때와 영어로 적을 때는 전혀 다른 자극으로 다가옵니다. 잘 안다고 여겼던 감정이 새롭게 느껴지기도 하고, 미처 몰랐던 나의 호기심을 건드리기도 합니다. 이것이 우리가 성장을 원하는 사람들에게 굳이 '영어' 필사를 권하는 이유입니다.

더불어, 모국어가 아닌 언어로 쓰는 행동은 지적 충족감을 줍니다. 부수적인 소득이긴 하지만 무언가를 배우고 있다는 감각은 또 하나의 동기가 되어 우리의 성장에 추진력을 보태줄 거예요.

DAY&NIGHT — 꾸준히 유지하게 해주는 타임 블록

성장에 있어 빼놓을 수 없는 것은 바로 '리듬'입니다. 나만의 리듬으로 원하는 목표를 향해 적절한 속도와 패턴을 일관되게 이어나가면 성장을 단기적인 성과가 아닌 장기적인 삶의 흐름으로 발전시킬 수 있습니다. 우리는 리듬을 하나씩 만들어나가야 하는 이들에게 종종 '아주 작은 성장이라도 루틴으로 만들어보세요'라고 권합니다.

이미 우리는 여러 루틴을 가지고 있습니다. 아침에 일어나 마시는 물 한 잔, 출근길에 보는 SNS, 잠들기 전에 듣는 명상 음악 같은 것이 모두 루틴이죠. 매일 일정하게 반복되는 행위들은 변화 속에서도 안정감을 줍니다. 그중에서도 필사는 많은 시간을 들이지 않으면서 오롯이 나에게 집중할 수 있으니 성장 루틴으로 삼기에 아주 적합하고요.

이 책에서는 하루에 두 번, 아침(Day)과 저녁(Night)에 각각 다른 문장을 필사하는 방법을 제안합니다. 반드시 눈뜨자마자 혹은 잠들기 직전에 필사를 해야 한다는 것은 아니에요. 그보다는 하루를 여는 시간과 닫는 시간을 의미합니다. 예를 들어, 'Day' 필사는 출근 후 업무 시작 전 10분 동안 하고 'Night' 필사는 저녁 식사를 한 이후 10분 동안 하는 식입니다.

이렇게 하루를 열고 닫는 시간의 타임 블록을 분명하게 나누는 건 하루를 완결성 있게 채워나가는 데 큰 역할을 합니다. 완결성 있는 하루가 차곡차곡 쌓이다 보면 어느새 목표를 향해 성큼성큼 다가가고 있는 나를 발견하게 될 거예요.

아침의 성장과 저녁의 성장에 필요한 에너지는 서로 다르기 때문에, 필사 문장에도 이를 반영했습니다. 아침에는 도전을 독려하는 응원과 긍정의 문장들을, 저녁에는 마음을 돌보는 위로와 신뢰의 문장들을 읽고 씁니다.

이 책은 그동안 접했던 영어학습 책이나 필사 책과는 다른 방식으로 여러분의 변화와 성장을 이끌어낼 겁니다.

"제가 뭘 원하는지 모르겠어요."
"도대체 제 문제가 뭘까요? 누가 좀 알려줬으면 좋겠어요."
"남들은 쉽게 해내는 것 같은데…. 저는 왜 이렇게 어려울까요?"

우리를 괴롭혔던 이런 생각들이 50일의 영어 필사 여정이 끝날 무렵에는 다음과 같이 바뀌어 있을 거예요.

"내가 바라는 건 바로 이거야!"

"나는 나야. 다른 사람과 비교할 필요는 없어."

"나는 내 목표를 향해 멋진 성장의 길을 가고 있어."

자, 그럼 지금부터 그 누구도 아닌 오직 나를 위해 '쓰는' 시간을 가져봅시다. 펜을 들고 이 책의 첫 페이지를 펼치는 순간이 내가 진정으로 원하는 나다운 삶을 찾는 첫걸음이 될 거예요. 그 설레는 시작을 응원합니다.

이 책의 활용법

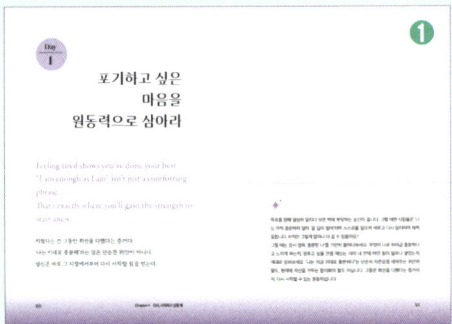

❶ 하루를 열면서 'Day' 문장을, 닫으면서 'Night' 문장을 필사합니다. 먼저 영어로 적으면서 뇌의 생각 근육을 움직이고 한국어로 한 번 더 적으면서 그 의미를 깊게 생각해봅니다.

❷ 필사를 마친 뒤에는 퍼포먼스 코치 제이와 리아가 전하는 메시지를 찬찬히 읽어보세요. 성장의 순간에 가장 필요한 응원과 격려를 담았습니다.

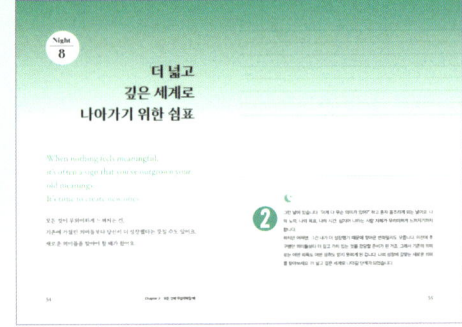

❸ 챕터를 마무리할 때마다 나와 더 깊게 연결되는 시간을 가집니다. 자신을 들여다보는 질문에 답하고, 성장 문장을 완성해보세요.

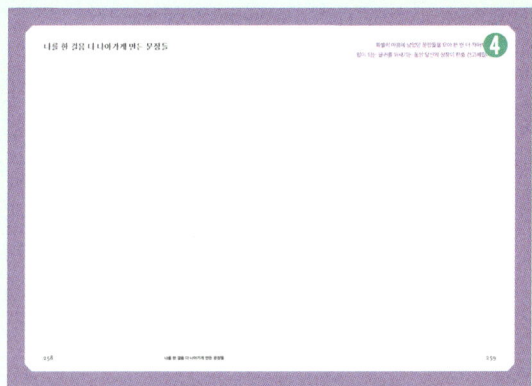

❹ 특별히 마음에 남았던 문장들을 모아 한 번 더 적어보세요(258쪽). 어떤 문장은 두 번, 세 번 거듭해서 적어도 좋아요. 힘이 되는 글을 되새기는 동안 성장은 한층 견고해집니다.

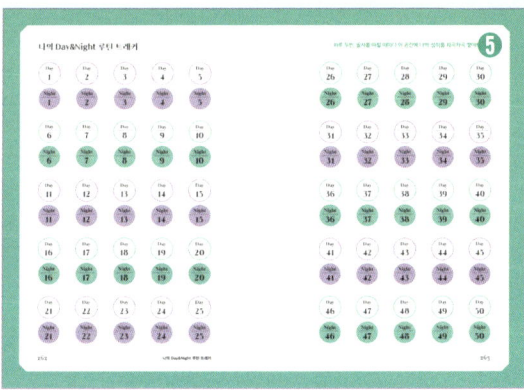

❺ 하루 두 번의 실천을 기록하는 공간입니다(262쪽). 매일 차곡차곡 쌓여 가는 나의 성취를 눈으로 확인하는 것만으로도 성장의 큰 원동력과 즐거움을 얻을 수 있어요.

차례

프롤로그 4
이 책의 활용법 10

Chapter 1

다시, 시작하고 싶을 때

18

Day 1 포기하고 싶은 마음을 원동력으로 삼아라
Night 1 드라마틱한 용기가 아니더라도
Day 2 이미 늦었다는 착각에서 벗어나기
Night 2 충분한 체력이 충분한 용기를 만들어요
Day 3 도전은 자격이 아닌 결심으로 시작된다
Night 3 모든 끝에는 새로운 문이 있어요
Day 4 계획대로 흘러가지 않아도 중심을 지키려면
Night 4 방법은 언제든 바꿔도 괜찮아요
Day 5 실망은 '종료'가 아닌 '조율'의 신호다
Night 5 포기하고 싶은 날에 기억해야 할 한 가지

Your Time to Grow

Chapter 2

모든 것에 무감각해질 때

42

Day 6   지금 당신은 성공의 중간 지점에 와 있다
Night 6   억지로 채우지 말아요
Day 7   잃어버린 것은 감정이 아닌 방향
Night 7   공허함을 인정하면 견딜 수 있어요
Day 8   새로운 흐름을 따라가라
Night 8   더 넓고 깊은 세계로 나아가기 위한 쉼표
Day 9   당장 보이지 않아도 변화는 일어난다
Night 9   조금 느려도 나만의 리듬으로
Day 10   지금껏 해낸 일들을 존중하라
Night 10   당신의 빈칸은 당신의 잠재력이에요

Your Time to Grow

Chapter 3

넘어서야 하는 언덕을 마주했을 때

66

Day 11   꿈이 클수록 시작은 작게 나눠라
Night 11   어려워 보인다는 건 성장하고 있다는 것
Day 12   불가능은 관점의 문제다
Night 12   내게 가능성을 주는 사람들과 함께
Day 13   목표의 크기가 성장의 크기다
Night 13   '지금 여기'에 멈춘 채 머물지 말아요
Day 14   떠밀린 결정보다 현명한 기다림
Night 14   답을 몰라도 괜찮은 여백의 시간
Day 15   생각과 감정을 덜어내고 단순해져라
Night 15   흘러가는 대로 놓아둘 때 더 명확해지기도 해요

Your Time to Grow

Chapter 4

누군가를 진심으로 축하할 수 없을 때

90

Day 16 타인의 성공을 나의 실패로 착각하지 말 것
Night 16 이제 그만 비교의 함정에서 빠져나와요
Day 17 질투와 미움 대신 목표와 욕망에 집중하기
Night 17 감정에 옳고 그름은 없어요
Day 18 미래에 대한 불안이 질투를 낳는다
Night 18 억지 기쁨이 아닌 있는 그대로의 진심
Day 19 질투는 성장의 방향을 알려준다
Night 19 휘몰아치는 감정을 다루는 연습
Day 20 다른 사람의 속도에 위축되지 말 것
Night 20 내 안에 쌓인 시간을 믿어봐요

Your Time to Grow

Chapter 5

잘하고 싶어서 아무것도 하지 못할 때

114

Day 21 '완벽함'은 나아갈 방향이다
Night 21 혼자 너무 애쓰고 있진 않나요?
Day 22 잘하려고 할수록 덜하게 되는 이유
Night 22 실수는 걸림돌이 아닌 노력의 흔적이에요
Day 23 흔들려도 다시 돌아오는 힘
Night 25 완벽보다 완주를 추구하는 삶
Day 24 아직 준비되지 않았다는 말은 핑계다
Night 24 과도한 책임감이 나를 갉아먹게 두지 말아요
Day 25 완전무결한 선택은 없다
Night 25 불확실성 속에서 나의 길을 찾으려면

Your Time to Grow

Chapter 6

나 자신을 믿기 어려워질 때

138

Day 26 지금의 '나'에게 맞는 새로운 기준
Night 26 의심이라는 벽돌로 내면에 쌓는 벽
Day 27 나에 대한 오해에 휘둘리지 말자
Night 27 자기방어라는 갑옷을 벗고 자유를 느껴요
Day 28 이토록 간절한데 왜 발이 안 떨어질까?
Night 28 일단 나를 믿어보면 어때요?
Day 29 남들에게 맞추기만 하다가 잃어버리는 것
Night 29 다시 예전처럼 무너질까 봐 두려운가요?
Day 30 나의 레이스에 집중하라
Night 30 오늘을 버텨낸 당신이 얻은 것

Your Time to Grow

Chapter 7

중심을 잃고 갈피를 못 잡을 때

162

Day 31 지금 무언가에 휩쓸리고 있다면
Night 31 정답이 아닌 질문이 필요해요
Day 32 머릿속이 복잡해지면 기준을 꺼내라
Night 32 단편적인 감정에 매몰되지 말아요
Day 33 당신의 길은 사라지지 않았다
Night 33 잠시 멈춰 제대로 쉬는 것도 중요해요
Day 34 재정비와 포기를 구분하는 법
Night 34 더 나은 삶을 위한 경계선 긋기
Day 35 길을 모르겠다면 움직이며 만들어라
Night 35 지도가 없어도 나아가야 하는 이유

Your Time to Grow

Chapter 8

자꾸 서두르거나 뒤돌아보게 될 때

186

Day 36 성장은 속도만으로 이뤄지지 않는다
Night 36 나만의 타임라인으로 성실하게
Day 37 오늘의 편안함을 딛고 내일로 나아가라
Night 37 안정과 성장, 두 가지 갈망 사이에서
Day 38 불안을 다스리려면 더 치밀하게 준비하라
Night 38 불안을 외면하지도, 불안과 싸우지도 말고
Day 39 멈추면 안 될 것 같아 쉬지 못하고 있다면
Night 39 감정은 순간의 신호일 뿐이에요
Day 40 멀리 돌아갈 때 얻을 수 있는 것
Night 40 조금 천천히 보내는 하루도 괜찮아요

Your Time to Grow

Chapter 9

문득 혼자인 것 같아 쓸쓸할 때

210

Day 41 성장하는 사람이 외로운 이유
Night 41 어떤 확신은 지극히 개인적이라서
Day 42 고여 있는 관계는 과감히 털어내라
Night 42 늘 누군가와 함께일 수는 없어요
Day 43 나를 망치는 '습관성 괜찮음' 버리기
Night 43 변했다는 말에 무작정 사과하지 마세요
Day 44 지금, 자기 확신을 배우는 중입니다
Night 44 달라진 나, 달라진 관계
Day 45 나의 성장은 누군가의 영감이 된다
Night 45 무의미한 외로움은 없어요

Your Time to Grow

Chapter 10

재미도 열정도 희미해질 때

234

Day 46 무기력에 이름 붙이기
Night 46 지루한 게 아니라 소모된 것이라면
Day 47 왜 시작했는지 되짚어 떠올려라
Night 47 열정의 흐름을 따라가요
Day 48 반복은 우리를 섬세하게 성장시킨다
Night 48 의미 없는 루틴이 지겨울 때에는
Day 49 포기하고 싶은 순간이 성장의 문턱이다
Night 49 내면의 작은 불꽃을 들여다봐요
Day 50 그럼에도 나는 한 걸음 더 나아간다
Night 50 느리지만 단단하게, 보이지 않아도 확실하게

Your Time to Grow

나를 한 걸음 더 나아가게 만든 문장들 258
나의 Day&Night 루틴 트래커 262

Chapter 1

다시,
시작하고 싶을 때

Day 1

포기하고 싶은 마음을 원동력으로 삼아라

Feeling tired shows you've done your best.
"I am enough as I am" isn't just a comforting phrase.
That's exactly where you'll gain the strength to start anew.

지쳤다는 건 그동안 최선을 다했다는 증거다.
'나는 이대로 충분해'라는 말은 단순한 위안이 아니다.
당신은 바로 그 지점에서부터 다시 시작할 힘을 얻는다.

목표를 향해 열심히 달리다 보면 벽에 부딪히는 순간이 옵니다. 그럴 때면 사람들은 '나는 아직 충분하지 않아. 갈 길이 멀어'라며 스스로를 일으켜 세우고 다시 달리라며 채찍질합니다. 하지만 그렇게 얼마나 더 갈 수 있을까요?

그럴 때는 잠시 멈춰 '충분한 나'를 가만히 들여다보세요. 무엇이 나로 하여금 충분하다고 느끼게 하는지, 멈추고 싶을 만큼 애쓰는 사이 내 안에 어떤 힘이 얼마나 쌓였는지 제대로 살펴보세요. "나는 지금 이대로 충분하다"는 단순히 자존감을 채워주는 위안의 말도, 현재에 자신을 가두는 합리화의 말도 아닙니다. 그동안 최선을 다했다는 증거이자, 다시 시작할 수 있는 원동력입니다.

Night 1

드라마틱한 용기가 아니더라도

Real courage isn't dramatic like in the movies.
Real courage is continuing when you feel tired.
The bravest person keeps walking even when
they feel like stopping.

진짜 용기는 영화처럼 극적이지 않습니다.
지쳤을 때 계속 가는 힘이야말로 진정한 용기죠.
가장 용감한 사람은 멈추고 싶을 때에도 계속 걷는 사람이에요.

사람들은 종종 '용기'를 영화 속에서 묘사되는 것처럼 드라마틱한 무언가라고 상상합니다. 하지만 현실의 용기는 화려한 사건이 아닌 평범한 하루 속에 숨어 있어요. 오늘도 일어나 해야 할 일을 하고, 지쳐도 한 걸음 더 내딛고, 묵묵히 다음을 준비하는 것. 이런 것들이 진짜 용기입니다. 꼭 다른 사람들 사이에서 두각을 나타내야만 용감한 것이 아니랍니다. 포기하고 싶을 때 다시 시작하는 사람이 가장 용감한 사람이에요.
만약 오늘 무언가를 멈추지 않고 계속 해냈다면 그것만으로도 충분히 용기 있는 하루를 보낸 것입니다. 그렇게 평범하고 일상적인 작은 용기들이 모였을 때 더욱더 큰 변화가 만들어집니다.

Day 2

이미 늦었다는 착각에서 벗어나기

It's not too late to start now.
"Too late" is only a standard set by yesterday.
Your choices today will rewrite your future.

지금 시작하기에 당신은 아직 늦지 않았다.
"너무 늦었다"는 건 어제의 기준에 불과하다.
오늘의 선택이 당신의 미래를 다시 쓰게 해준다.

우리를 제자리에 묶어두는 가장 두껍고 무거운 족쇄는 '이미 늦었다'라는 생각입니다. 그런데 늦었다고 생각하는 그 순간에 어떤 선택을 하느냐가 진짜 늦을지 말지를 결정합니다. 남들보다 늦게 출발한다고 해서 도착지가 멀어지는 것도, 다른 길로 비껴가야 하는 것도 아닙니다. 나에게는 나만의 출발선이 있고 나만의 타임라인이 있으니까요. 늦었다는 생각은 완전한 착각입니다. 변화를 두려워하는 나의 마음이 만들어낸 착각이죠. 늦었다고 생각되는 오늘 출발한다면 그 '늦음'은 어제를 기준으로 한 과거의 일일 뿐입니다.

Night 2

충분한 체력이
충분한 용기를
만들어요

Courage needs energy to grow stronger.
Let go of the habits that drain you.
Care for your body first.
It carries your brave heart.

용기는 에너지 위에서 자라납니다.
우선 당신의 에너지를 소모시키는 습관들부터 버려보세요.
당신의 몸을 먼저 돌보세요.
몸은 용감한 마음을 품는 곳이에요.

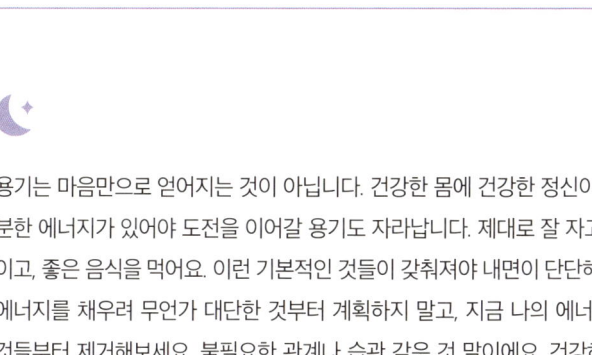

용기는 마음만으로 얻어지는 것이 아닙니다. 건강한 몸에 건강한 정신이 자리 잡듯, 충분한 에너지가 있어야 도전을 이어갈 용기도 자라납니다. 제대로 잘 자고, 적절히 움직이고, 좋은 음식을 먹어요. 이런 기본적인 것들이 갖춰져야 내면이 단단해집니다.
에너지를 채우려 무언가 대단한 것부터 계획하지 말고, 지금 나의 에너지를 갉아먹는 것들부터 제거해보세요. 불필요한 관계나 습관 같은 것 말이에요. 건강하지 못한 것들을 비워내야 건강한 것들을 채울 공간이 마련됩니다. 좋은 에너지가 쌓이고 몸이 건강해지면, 마음도 자연스레 밝아져요. 그럼 다시 무언가를 시작할 힘이 생길 거예요.

Day 3

도전은
자격이 아닌
결심으로 시작된다

Your qualification comes from choice, not from results.
It's natural to feel anxious and it's okay.
Change "Can I do this?" into "How can I make this happen?"

자격은 결과가 아니라 선택에서 비롯된다.
불안은 자연스러운 것이고, 그런 기분이 들어도 괜찮다.
"내가 할 수 있을까?"라는 질문을 "이걸 해내려면 뭘 해야 하지?"로 바꿔라.

자격을 갖춰야만 시작할 수 있다는 건 잘못된 생각입니다. 무언가를 해낸 사람들은 자격이 있던 사람들이 아니라 그것을 시작하기로 '결정'했던 사람들입니다. 새로운 것에 도전하고 그것을 밀고 나갈 때는 불안하고 확신이 없기 마련입니다. 결과의 차이는 그 불안과 두려움 속에서도 '해보겠다'라고 결심하는 순간에서 비롯됩니다.
'내가 그걸 할 자격이 있나?' 같은 의미 없는 질문을 던지는 데 시간을 허비하지 마세요. '내가 하자'라고 마음먹으면 그때부터 변화가 찾아옵니다. 사실, 시작을 위한 자격은 이미 충분한 셈입니다. 자, 당신이 하려는 그 일을 현실에서 해내려면 이제 무엇을 해야 할까요?

Night 3

모든 끝에는 새로운 문이 있어요

Each ending opens a new door.
When one road ends, another begins.
This isn't the end. It's your turning point.

모든 끝에는 새로운 문이 열립니다.
하나의 길이 끝나면 또 다른 길이 시작돼요.
이건 끝이 아닙니다. 당신의 전환점이에요.

'완전히 끝났다'라고 느껴지는 때가 있습니다. 어떤 날에는 허무하고, 어떤 날에는 좌절하죠. 하지만 끝난 것처럼 보이는 순간이 새로운 시작의 신호라는 걸 알고 있나요? 하나의 관계가 끝나면 새로운 관계가 열립니다. 하나의 계획이 무너지면 새로운 계획이 세워지고요.

어떤 흐름이 멈췄다고 해서 인생 전부가 멈춘 건 아닙니다. 관계가 끝나도, 프로젝트가 무산되어도, 길을 잃어도 그 지점이 마침표라고 여기지 말아요. 그곳은 쉼표이거나 갈림길일지도 모르니까요. 지금 잠깐 끊긴 흐름에 집착하지 마세요. 하나의 문이 닫히면 이딘기에서는 반드시 다른 문이 열리고 있슴ㅣ다. 당신이 이야기는 이제 새로운 장에 접어드는 거예요.

계획대로
흘러가지 않아도
중심을 지키려면

Life rarely goes as planned.
Accept this now, and you won't be easily shaken.
Strength comes from letting go of perfection.

인생은 좀처럼 계획대로 흘러가지 않는다.
이를 일찍 받아들일수록 쉽게 흔들리지 않는다.
강함은 완벽함을 기대하지 않는 것에서 시작된다.

우리는 마음속에 완벽한 그림을 그려놓고 현실에 들어서곤 합니다. 하지만 현실은 거의 매번 그 기대를 배신하죠. 예상과는 다른 상황이 펼쳐지며 실망하길 거듭할수록 중심이 흔들리고 감정에 휩쓸리기 쉬워집니다.

흔들리지 않기 위해 우리가 할 수 있는 가장 현실적인 첫걸음은 애초에 나의 기대와 현실이 다를 수 있음을 알고 시작하는 것입니다. 비현실적인 기대는 내려놓습니다. 현실을 있는 그대로 바라보는 사람만이 판단력을 지키고 기회를 읽을 수 있습니다. 버티는 힘은 그럴 때 키워지는 겁니다. 현실은 늘 바뀝니다. 현실에 맞춰 이리저리 방황하지 말고, 중심을 딱 잡는 힘을 길러야 합니다.

Night 4

방법은 언제든 바꿔도 괜찮아요

Never confuse your goal with your plan. There are many ways to reach the same goal. Stay firm in your 'why,' but flexible in your 'how.'

목표와 계획을 혼동하지 마세요.
원하는 방향으로 가는 방법은 수없이 많습니다.
'왜'는 확고히 하되, '어떻게'는 유연하게 가져보세요.

목표와 계획을 같은 것으로 오해하는 경우가 많죠. 하지만 목표를 끝까지 지키는 것과 계획을 무조건 고집하는 것은 전혀 다른 이야기입니다. '늘 깔끔한 차림을 한다'라는 목표를 예로 들어볼까요? 그 목표를 위해 매번 똑같은 스타일로 옷을 입을 필요는 없을 거예요. 당연히 그때그때 상황이나 장소에 따라 적절한 옷을 입어야겠죠.
지금의 현실이 내 기대나 계획대로 되지 않는다고 좌절하지 마세요. 당신의 방향이 분명하다면 방법은 언제든 새롭게 설계할 수 있습니다. 어쩌면 새로운 설계가 더 좋을 수도 있고요.

Day 5

실망은 '종료'가 아닌 '조율'의 신호다

Feeling disappointed doesn't mean you've failed.
It's time to adjust—not to give up.
Let the gap between reality and expectation help you grow.

실망은 실패를 의미하지 않는다.
실망스러울 때는 포기가 아닌 조율을 할 때라는 뜻이다.
기대와 현실 사이의 차이가 당신을 성장시키도록 만들어라.

기대했던 결과가 돌아오지 않을 때 실망하는 건 당연합니다. 그런데 그 실망감을 '실패감'으로 잘못 받아들이는 경우가 많습니다. 실망은 포기 명령이 아닙니다. 오히려 그 목표를 내가 얼마나 원하는지 알게 되는 계기가 되기도 합니다. 그렇다면 필요한 것은 종료가 아닌 새로운 시도입니다. 방법이나 관점을 바꿔가며 다르게 노력해보세요. 쉽게 말해 실망감은 '자세를 바로잡아라!'라는 힌트입니다.

실망감이 밀려올 때 스스로에게 물어보세요. "지금 내가 다르게 해볼 수 있는 건 무엇일까?"라고 말이죠. 그런 다음 그 질문에 답하는 것에서부터 시작해봅시다.

Night 5

포기하고
싶은 날에
기억해야 할 한 가지

A broken plan doesn't mean you're broken.
Changing plans doesn't mean changing goals.
One closed door doesn't block the whole path.

계획이 망가졌다고 당신이 망가질 필요는 없어요.
계획이 바뀐다고 당신의 목표가 바뀌는 건 아니니까요.
문 하나 닫힌다고 길 자체가 막히는 건 아닌 것처럼요.

기대한 결과가 아니라서 모든 것을 포기할까 생각 중이라면 잠깐만 같이 생각해봐요. 그 기대가 내 인생의 최종 목적인가요? 그렇지 않을 거예요. 그저 수많은 선택지들 중 하나였을 뿐이죠. 한 번의 실망으로 방향을 바꾸기 전에 먼저 그 방향이 맞는지 확인해 보세요. 어쩌면 더 좋은 길을 찾는 기회가 될지도 모릅니다.
닫힌 문을 바라보며 주저앉아 있지 마세요. 그냥, 다른 문을 찾으면 돼요. 계획이 무너졌더라도 목표를 향해 나아갈 수 있습니다.

Your Time to Grow

나를 깊고 넓게 알아가는 질문

1 최근에 용기가 필요한 순간이 있었나요?

예시) 새로운 시작을 앞두었을 때, 무료한 일상에서 벗어나고 싶을 때, 잃어버린 '나다움'을 다시 찾으려 할 때.

2 에너지를 회복하고 나를 다시 일으켜 세우기 위해 오늘 내가 할 수 있는 작은 행동은 무엇인가요?

예시) 푹 자기, 좋아하는 음식 챙겨 먹기.

3 내게 남은 용기가 단 5%뿐이라면 어떤 작은 실천을 하고 싶나요?

예시) 오늘의 '한 가지 핵심 목표'를 달성하기, 예전에 열심히 일했던 곳(이나 그 주변)에 가보기.

성장하는 나를 위한 문장 완성

1 늦었다고 느끼는 이 순간에 나는 _____

_____ (을)를 기억하고 싶다.

2 다시 걷기 위한 용기는, '할 수 있을까' 대신 _____

_____ (이)라고 묻는 데서 시작된다.

3 내가 할 수 있는 딱 한 가지 작은 선택은 _____

_____ (이)다.

Chapter 2

모든 것에
무감각해질 때

Day 6

지금 당신은 성공의 중간 지점에 와 있다

This isn't the full picture—not yet.
You're looking at a single scene, not the full story.
Great things often feel uncertain halfway through.

이 순간이 전체 그림을 보여주지 않는다.
당신이 마주한 것은 하나의 장면일 뿐, 전체 이야기는 아니다.
아주 위대한 일들도, 중간의 어느 시점에서 보면 늘 불확실하다.

열정과 최선을 다해 달리다 보면 한 번씩 숨이 턱까지 차오르는 때가 찾아옵니다. 헐떡이며 멈춰 섰을 때, 두 손에 들린 성과가 노력에 비해 아쉬우면 문득 허탈해지죠. '이게 과연 의미가 있는 노력일까?' 공허감이 밀려올 때는 재미있었던 이야기들을 떠올려보세요. 모든 이야기에는 기승전결이 있고, 고난도 있고, 행복도 있습니다.

지금 이 순간이 내 이야기의 끝인가요? 아니면 중간 지점일까요? 아직 나의 이야기는 진행 중이고, 나의 그림은 완성되지 않았습니다. 성공에서든 성장에서든 '중간'이란 것은 늘 그렇습니다. 어수선하고 불안정해요. 그러니 지금의 혼란을 너무 크게 받아들이지 않아도 됩니다. 결국 나의 이야기를 완성하는 데 '필요한' 한 장면일 뿐이에요.

Night 6

억지로 채우지 말아요

Emptiness isn't a hole to fill.
It's a signal—pause and listen.
Stop filling. Start listening.

공허함은 채워야 할 구멍이 아닙니다.
잠시 멈춰서 귀 기울이라는 신호예요.
채우기를 멈추고, 경청하기를 시작해보세요.

혹시 요즘 기쁜 일이 있어도, 속상한 일이 있어도 별 감흥 없이 '그렇구나' 하고 넘어가게 되지는 않나요? 예전에는 웃고 울었을 법한 상황에 아무 감정이 들지 않는 건 마음이 보내는 신호입니다. 모든 일에 무감각해진 나 자신이 낯설게 느껴진다면 마음에 귀 기울일 때가 된 거예요.

무감각하다는 건 감정이 없어진 것이 아니라, 감정에 보호막이 쳐진 것일 수 있습니다. 너무 많은 것을 감당해온 탓에 스스로 자기방어에 나선 것이죠. 억지로 보호막을 깨고 나가기보다는 그 안에 잠시 머물러보세요. 조용히 마음을 쉬게 해주세요. 무뎌진 감각을 예민하게 끌어올리는 대신 내면을 들여다보고 이해해보는 시간이 필요합니다

Day 7

잃어버린 것은 감정이 아닌 방향

Am I emotionally numb?
Maybe it's not about emotions.
Maybe it's a matter of direction.

내가 정서적으로 무감각해진 걸까?
감정의 문제가 아닐 수 있다.
어쩌면 방향성의 문제일지도 모른다.

감정이 고장 났다는 생각이 들면 나의 방향성을 확인해봅니다. 내가 가고 있는 길이 정말로 원하는 삶으로 향하는 길이 맞는지 말이죠. 길을 잘못 들었을 때 감정이 먼저 반응하며 브레이크를 걸기도 합니다.

목표와 맞지 않는 노력이 좋은 성과로 이어지기는 정말 어렵습니다. 그래서 점점 흥미를 잃고, 결국에는 텅 빈 것 같은 상태가 됩니다. 의욕 없이 무뎌진 나를 그냥 두지 마세요. 이를 기회 삼아 방향을 바로잡고, 새로운 원동력을 채울 때입니다.

Night 7

공허함을 인정하면 견딜 수 있어요

You don't have to fill the emptiness right away.
Sometimes, the answer is simply learning to sit with it.
The ability to stay comfortable with discomfort is a superpower.

공허함을 당장 해결해야 하는 건 아닙니다.
때로는 그냥 함께 있는 법을 배우는 것도 답이 될 수 있어요.
불편함 속에서 편안함을 유지할 수 있다는 건 정말 대단한 능력입니다.

공허해지면 우리는 본능적으로 '이 기분에서 빨리 벗어나야 해'라고 생각합니다. 마치 몸에 열이 나면 해열제를 챙겨 먹듯이 말이죠. 하지만 때로는 급하게 해결책을 찾는 것보다 '아, 지금 내가 공허하구나'라고 인정하고 다음 단계로 넘어가는 것이 도움이 됩니다. 친한 친구가 슬픔을 털어놓았을 때 "얼른 기운 내"라고 말하는 대신 "지금 많이 슬프구나" 하며 어깨를 토닥여주는 것이 훨씬 큰 위로가 되는 것처럼요.

내 마음에게도 친한 친구가 되어주세요. 공허감을 당장 치워버려야 할 쓰레기가 아닌 잠시 들른 손님처럼 대해보세요. "안녕! 오늘은 왜 왔어? 잠깐 앉았다가 갈래?" 이런 태도로 텅 빈 마음을 차분히 정돈하다 보면 생각보다 빨리 평온해질 거예요.

Day 8

새로운 흐름을 따라가라

Feeling empty doesn't mean you've failed.
It might be a sign that you need a reset.
Right now, a new rhythm is forming.

공허감은 실패했다는 뜻이 아니다.
리셋이 필요하다는 뜻이다.
지금, 새로운 리듬이 만들어지고 있다.

성장의 원동력을 완전히 잃은 것 같은 순간은 누구에게나 찾아옵니다. 그럴 때는 '나는 실패했어'라고 스스로를 깎아내리기 쉽습니다. '나는 역시 안 되는 사람이지'라며 끝없는 자기 비난의 수렁으로 끌려들어 가기도 합니다.

컴퓨터나 스마트폰도 한 번씩 전원을 껐다 켜야 성능이 유지됩니다. 우리도 그렇습니다. 전원을 끄고 리세팅하는 시간이 필요하죠. 지금과는 차원이 다른 방법을 찾고 성과를 내기 위한 재정비의 시간입니다. 공허와 무기력이 찾아왔다면 '지금 나의 리듬이 새롭게 만들어지고 있다'라고 받아들여 봅시다. 그 생각만으로도 오늘의 에너지가 차오릅니다.

Night 8

더 넓고
깊은 세계로
나아가기 위한 쉼표

When nothing feels meaningful,
it's often a sign that you've outgrown your
old meanings.
It's time to create new ones.

모든 것이 무의미하게 느껴지는 건,
기존에 가졌던 의미들보다 당신이 더 성장했다는 뜻일 수도 있어요.
새로운 의미들을 찾아야 할 때가 왔어요.

그런 날이 있습니다. "이게 다 무슨 의미가 있어?" 하고 혼자 읊조리게 되는 날이요. 나의 노력, 나의 목표, 나의 시간, 심지어 나라는 사람 자체가 무의미하게 느껴지기까지 합니다.
하지만 어쩌면, 그건 내가 더 성장했기 때문에 찾아온 변화일지도 모릅니다. 이전에 추구했던 의미들보다 더 깊고 가치 있는 것을 감당할 준비가 된 거죠. 그래서 기존의 의미로는 어떤 의욕도 어떤 성취도 얻지 못하게 된 겁니다. 나의 성장에 걸맞는 새로운 의미를 찾아보세요. 더 넓고 깊은 세계로 나아갈 단계가 되었습니다.

Day 9

당장
보이지 않아도
변화는 일어난다

Not all progress is visible.
Some changes grow quietly beneath the surface.
Trust the work no one else can see.

모든 성장이 겉으로 드러나는 건 아니다.
어떤 변화는 보이지 않는 곳에서 조용히 자라난다.
다른 사람들은 보지 못하는 그 성장을 스스로는 믿어야 한다.

무언가를 해냈다는 사실이 겉으로 드러나지 않으면 열심히 하고 있으면서도 나만 제자리인 것 같은 기분이 듭니다. 눈에 보이는 어떤 표시가 있어야 진짜로 성장한 것 같죠. 하지만 변화의 시작이 늘 겉으로 드러나는 건 아닙니다. 보이지 않는 곳에서도 우리는 성장합니다. 세계적인 운동선수들을 보세요. 그들은 몇 시간, 몇 분 혹은 단 몇 초의 시합을 위해 경기장 밖에서 그 수백 배, 수천 배의 시간을 쏟아가며 끊임없이 훈련합니다. 아무런 티가 나지 않아도 시간의 힘은 묵묵히 쌓이기 마련입니다. 그리고 그것이 가장 단단한 뿌리이자 강력한 무기가 됩니다.

Night 9

조금 느려도
나만의 리듬으로

Not everyone grows at the same pace.
A slower path can still lead somewhere meaningful.
Your rhythm is worth trusting and respecting.

모든 사람이 같은 속도로 성장하지 않습니다.
조금 느린 길도 충분히 의미 있는 곳으로 향할 수 있어요.
당신의 리듬은 믿을 만하고, 존중받을 가치가 있습니다.

공허감은 스스로 뒤처지고 있다고 느낄 때 찾아오기도 합니다. 이미 충분히 노력하고 있는데 남들보다 느리다고 생각되면 에너지를 잃게 되죠. 하지만 모든 사람이 같은 속도로 성장할 수는 없습니다. 다른 이의 보폭에 맞추지 마세요. 남의 발만 보며 걸으면 내가 정말 중요하게 여기는 것을 놓치고 맙니다. 그것을 찾아서 다시 먼 길을 돌아가야 할 수도 있어요.
속도가 중요하지 않다는 이야기가 아닙니다. 다만, 지금 나의 리듬을 믿어보는 건 어떨까요? 올바른 방향으로 나아가고 있다면 조금 늦어도 더 많은 것을 얻어 목적지에 도착할 수 있을 거예요.

Day 10

지금껏
해낸 일들을
존중하라

You didn't get here by luck.
Your choices and the time you endured are what brought you here.
You've come a long way—give yourself credit for that.

당신이 여기까지 온 건 행운 덕이 아니다.
그동안의 모든 선택과 버텨온 시간이 이끌어준 것이다.
여기까지 온 스스로를 인정해주자.

'이 정도는 누구나 다 하는 거 아냐?' 공허감에 빠진 사람은 스스로를 이렇게 평가절하 합니다. 자신의 노력과 그 결과에 아무런 의미가 없다고 생각하기 때문이죠. 면접을 볼 때, 연봉 협상을 할 때, 심지어 주변 사람에게 칭찬받을 때도 이런 생각이 머릿속을 파고듭니다. 그래서 무수한 기회들을 놓치고 맙니다.

지금까지 해낸 일들이 모두 '운이 좋아서'였다고 치부해버리지 마세요. 당신이 한 노력 중 '누구나 하는 일' 같은 것은 없습니다. 스스로 해낸 일들을 존중하고 인정하는 건 다음으로 나아가기 위해 꼭 필요한 연료입니다. 그 연료를 다른 사람도 아닌 자기 손으로 내버리는 실수는 없어야 합니다.

Night 10

당신의 빈칸은 당신의 잠재력이에요

What seems like a void is in fact potential.
Every void holds infinite possibilities.
Your journey is yours for a reason.

공백처럼 보이는 것은 사실 잠재력이에요.
모든 빈자리에는 무한한 가능성이 담겨 있어요.
그 빈자리를 무엇으로 채울지는 당신의 선택입니다.

어떤 밤에는 내가 텅 비어 있다는 생각이 듭니다. 빈틈투성이인 나는 아직 준비되지 않은 사람인 것만 같아 위축되기도 하고요. 무언가를 해낸 사람들의 SNS를 들여다보면, 나의 빈 공간들이 잘못된 선택의 결과처럼 보여서 마음이 무겁습니다.
아무것도 하고 싶지 않은 때에는 나를 좀 비워두는 것도 괜찮습니다. 꼭 나를 가득 채우지 않아도 돼요. 나의 공백을 '잠재력'이라고 바꿔 생각해보면 어떨까요? 어쩌면 비어 있는 나는, 내가 원하는 방식으로 삶을 채워나갈 수 있는 선택권을 가진 것입니다. 그 무한한 가능성을 믿어보세요.

Your Time to Grow

나를 깊고 넓게 알아가는 질문

1 최근에 나의 리듬을 흐트러뜨렸던 요소는 무엇인가요?

예시) 수면 부족, 경계선을 잃은 관계, 균형이 깨진 일상.

2 지금 새롭게 만들어보고 싶은 내 삶의 의미는 무엇인가요?

예시) 나만의 성공 기준, 매일의 건강, 목표를 위한 습관.

3 무엇을 할 때 충만해지나요?

예시) 나의 안전지대에서 벗어났을 때, 소중한 관계에 집중할 때, 자연 속을 걸을 때.

성장하는 나를 위한 문장 완성

1 공허한 감정은 나에게 _____

_____ (이)라는 신호를 보내고 있는 것 같다.

2 오늘 나는 나에게 의미가 될 수 있는 _____

_____ (을)를 해보려 한다.

Chapter 3

넘어서야 하는
언덕을 마주했을 때

Day 11

꿈이 클수록
시작은 작게 나눠라

Big dreams can feel heavy.
But small steps can lighten the heart.
Start small and you'll go far.

큰 꿈은 버겁게 느껴질 수 있다.
하지만 작은 걸음은 마음을 가볍게 만든다.
작게 시작하면 멀리 갈 수 있다.

목표가 클수록 시작하기 어렵습니다. 목표를 위해 해야 할 일이 많은데 당장 내가 할 수 있는 건 너무 적어서, 다 해낼 수 있을지 덜컥 겁이 나기 때문입니다. 이럴 때는 해야 할 일들을 작게 줄여서 일단 시작해보는 것도 방법입니다. 내가 시작할 수 있게 과제를 쪼개서 하나씩 달성해나가는 거죠.

완벽하고 원대한 계획이 아닌 즉시 실천할 수 있는 하나의 간단한 행동. 그것을 찾아냈을 때 우리는 출발선에 서게 됩니다. 큰 여정의 시작은 언제나 단순한 '한 걸음'이라는 것을 잊지 마세요.

Night 11

어려워 보인다는 건 성장하고 있다는 것

If it looks hard, that's a good sign.
It means you've grown.
That's because what once felt impossible now feels like a challenge.

어려워 보인다면 대단한 일입니다.
그건 당신이 성장했다는 뜻이거든요.
한때는 불가능해 보였던 일이 이제는 도전할 만한 일이 된 거니까요.

성장의 길에는 늘 장애물이 있기 마련입니다. 많은 사람들이 장애물을 맞닥뜨렸을 때 쉽게 포기하고 돌아서죠. '역시 나는 부족한 사람이야' 하고 생각하면서요.
조금 다르게 생각해보면 어떨까요? 예전에는 있는 줄도 몰랐던 장애물의 존재를 알게 되었다는 건 그만큼 전진했다는 겁니다. 장애물을 뛰어넘기가 '어렵다'고 느껴진다는 건 그 높이를 가늠할 수 있을 만큼 경험이 쌓였다는 뜻이고요. 그렇다면, 과거의 나라면 넘지 못했을 벽을 지금의 나는 가뿐히 넘어설 수 있지 않을까요? 도전의 길을 지나오는 동안 나는 달라졌습니다. 시간의 힘을 믿으세요.

Day 12

불가능은 관점의 문제다

What feels impossible often comes from a fixed perspective.
Practice shifting your perspective intentionally.
A single shift in perspective can make so much possible.

불가능할 것 같다는 느낌은 종종 고정된 관점에서 자란다.
의도적으로 관점을 바꾸는 연습을 해야 한다.
관점의 전환 하나로 수많은 것들이 가능해진다.

'한계'는 능력이 아닌 시야의 문제입니다. 매일 같은 환경에서 같은 사람들과 같은 일을 하다 보면 때때로 다른 방법이 있다는 사실을 잊어버리게 됩니다.

시야를 넓혀 위와 옆을 둘러보세요. 더 멀리 바라보세요. 반드시 '의도적으로' 시선을 돌려야 합니다. 나를 둘러싼 환경을 바꿔보는 연습을 하는 겁니다. 사람을 바꾸고, 루틴을 바꾸고, 질문을 바꾸면 새로운 길이 보입니다. 불가능하다는 오해는 시야가 좁을수록 강하게 자리 잡습니다. 다른 각도로 바라보는 습관을 들이세요. 그 순간 생각지 못했던 모습으로 가능성이 다가옵니다.

Night 12

내게
가능성을 주는
사람들과 함께

A sense of possibility is contagious.
Who you walk with shapes your potential.
Why not walk with those who help you grow?

가능할 것 같은 느낌은 전염됩니다.
누구와 함께 걷느냐에 따라 당신의 가능성이 달라져요.
당신을 성장시켜주는 이들과 함께 걸어보면 어떨까요?

곁에 어떤 사람이 있느냐는 항상 중요합니다. 혼자서는 도저히 해낼 수 없을 것 같던 일도 누군가와 함께 있느냐에 따라 가능해져요. 나의 꿈에 관한 이야기를 나눌 때 유난히 긍정적인 에너지를 샘솟게 하는 사람들이 있습니다. 그들은 단 한 번의 대화로 단지 막연한 꿈이었던 것을 실현 가능한 목표로 바꾸어 놓기도 합니다. 그런 사람들의 말과 행동, 마음가짐은 내 안에 숨겨진 가능성을 끄집어내는 계기가 됩니다.

지금 여러분의 가능성을 깨워줄 누군가가 옆에 있나요? 머릿속에 떠오르는 사람이 있다면, 그 사람과 많은 시간을 보내세요. 깊고 친밀감 있는 관계를 맺으며 좋은 에너지를 주고받아요. 가능성은 전염됩니다.

Day 13

목표의 크기가
성장의 크기다

Dreams and goals always feel overwhelming.
But don't shrink them.
See them as your golden opportunity to grow.

꿈이나 목표는 항상 너무 크게 느껴진다.
그렇다고 꿈이나 목표를 줄이지 마라.
당신이 더 성장할 절호의 기회라고 생각하자.

거대하고 불분명한 무언가 앞에서 사람은 본능적으로 움츠러듭니다. 그리고 그 자리에 서서 발 앞에 선을 긋습니다. '이 이상은 가면 안 돼!'라는 경계선이자 한계입니다.
진짜 해내는 사람은 이때 아주 간단하지만 현명한 결정을 내립니다. 꿈을 줄이는 것이 아니라 자신을 키우겠다는 결심. 꿈이란 당장 해낼 수 없는 것이 당연합니다. 그러나 지금 해낼 수 없다고 영원히 불가능하지는 않습니다.
오늘의 나와 1년 후의 나, 10년 후의 나는 완전히 다른 사람입니다. 당신이 얼마나 성장할지 스스로 한정하지 마세요. 목표의 크기가 큰 만큼 성장의 크기도 커집니다.

Night 13

'지금 여기'에 멈춘 채 머물지 말아요

What feels impossible today might not be tomorrow.
You won't be here forever.
Trust your future self.

지금 불가능해 보이는 일이 미래에도 그렇지는 않을 거예요.
당신이 지금 서 있는 자리에 평생 머무를 일은 없어요.
미래의 당신을 믿어보세요.

어떤 목표는 좀 터무니없어 보입니다. 하지만 그건 지금의 기준에서 바라봤을 때의 이야기죠. 중요한 건 '지금부터'입니다. 지금 여러분을 둘러싼 많은 일들을 떠올려보세요. 10년 전에도 가능했던 것들이 얼마나 되나요? 상상도 못했던 일이 너무나 당연해졌을 수도 있어요. 시간은 생각도, 능력도, 환경도 바꿉니다.
한 걸음 나아갈 때마다 다른 세상이 보이고 다른 선택지가 나타납니다. 불가능은 멈춰 있을 때 다가와요. 움직이세요. 앞으로 나아가세요. 미래의 당신은 현재의 당신이 생각하는 것보다 훨씬 유능하고 지혜롭고 용감한 사람입니다. 그 사람을 만나러 가세요.

Day 14
떠밀린 결정보다 현명한 기다림

Not all chaos needs to be resolved right away.
Some storms are here to slow you down.
Wisdom sometimes waits for clarity.

상황이 혼란스럽다고 무조건 결정해야 하는 것은 아니다.
어떤 폭풍은 당신의 속도를 늦추기 위해 찾아오기도 한다.
때로는 명확함을 위해 기다리는 것이 더 지혜로운 법이다.

혼란스러울 때 우리는 종종 무언가를 '결정'하려고 합니다. 조금이라도, 무엇이라도 명확해졌으면 하기 때문입니다. 하지만 제대로 살피지 않고 떠밀리듯 내리는 결정은 상황을 악화시킬 수 있습니다. 성급한 선택은 더 큰 혼란을 불러옵니다.
두려움이 아닌 판단력으로 결정해야 합니다. 서둘러 상황을 정리하려 나서지 마세요. 주변을 잘 둘러보고 눈앞의 문제를 정확히 들여다보세요. 통찰에 기반한 기다림은 곧 지혜입니다.

Night 14

답을 몰라도
괜찮은
여백의 시간

You don't need to have all the answers right now.
Not knowing can be part of getting ready.
Trust the space between questions and answers.

모든 답을 지금 알아야 하는 건 아니에요.
'무지'는 준비의 일부일 수도 있어요.
질문과 답 사이, 그 여백의 시간을 믿으세요.

'왜 이렇게 답을 모르겠지?' 하며 조급해지는 때가 있습니다. 하지만 안타깝게도, 인생의 중요한 질문들 중 대부분은 바로 답이 주어지지 않습니다. 성실하고 인내심 있게 기다려야만 답이 손에 잡히죠. 답을 몰라 불안하다면 지금은 준비의 시간일지도 모릅니다.
답을 많이, 빨리 구하는 것보다 중요한 건 질문을 품고 살아가는 힘입니다. '무지'의 시기를 잘 보내면 앞으로의 삶이 훨씬 단단해져요. 답을 모르는 시간은 달리 말하면 답을 찾는 시간입니다. 그리고 답을 찾는 시간은 그 답을 맞이하기 위해 자신을 준비시키는 시간이에요.

Day 15

생각과 감정을
덜어내고
단순해져라

When everything feels overwhelming,
ask yourself this one simple question.
"What matters most to me right now?"

모든 게 벅차게 느껴질 때는,
이 단순한 질문 하나를 스스로에게 해보자.
"지금 나에게 가장 중요한 건 뭘까?"

어려운 과제를 대할 때 자주 하는 실수는 더 많이 생각하고 노력하면 해결될 것이라고 여기는 겁니다. 하지만 생각이 많아질수록 답은 멀어지고, 마음만 복잡해지죠. 너무 많은 것을 신경 쓰다 보면 핵심을 놓칩니다. 이를테면 이런 식입니다.
'요즘 회사 일이 잘 안 풀리네. 그래서 스트레스를 받으니까 건강도 더 신경 써야 하고, 주변 사람들에게 소홀해지지 않게 조심해야 하고, 자기계발도 더 해야 하고….'
이렇게 모든 것을 동시에 해결하려고 들면 아무것도 하지 못합니다. 단순한 질문으로 시작합니다. "지금 나에게 가장 중요한 건 뭘까?" 이 질문의 답 하나만 제대로 찾아도 중심은 저절로 되찾아집니다. 단순함은 '집중'을 불러옵니다.

Night 15

흘러가는 대로 놓아둘 때 더 명확해지기도 해요

Stop trying to organize every thought. Sometimes clarity comes when you let go. Trust the process more than your need for control.

모든 생각을 정리하려고 애쓰지 않아도 됩니다.
때로는 놓아줄 때 명확해지는 것들도 있어요.
통제하려는 나의 마음보다 과정을 믿어요.

두렵고 버거운 상황일수록 우리는 자꾸 그것을 '정리'하려고 합니다. 하나의 정답으로 명확하게 만들면 비로소 마음이 놓일 것 같죠. 하지만 정리하려고 할수록 더 꼬이는 일들도 있습니다. 마치 뒤엉킨 실타래를 성급하게 풀어내려 할 때처럼요.

그럴 때 특효약 같은 한 마디가 있습니다. "힘을 빼자." 모든 곳에 힘이 들어가면 정작 중요한 곳에 필요한 만큼 힘을 쓸 수 없습니다. 바짝 힘이 들어간 몸을 이완시키세요. 그리고 차분하게 하나씩 풀어나가요. 과정을 충분히 거치는 것만큼 문제를 해결하는 데 중요한 일도 없답니다.

Your Time to Grow

나를 깊고 넓게 알아가는 질문

1 지금 '너무 크다고 느껴지는 목표'는 무엇인가요?

예시) 커리어 전환, 창업, 이직, 해외 생활, 장기 프로젝트.

2 목표가 불가능하다고 느껴질 때 내 안에서 어떤 말이 떠오르나요?

예시) '내가 이걸 정말 원하는게 맞나?', '나는 아직 멀었어', '지금은 때가 아니야'.

3 목표가 나를 크게 성장시킬 수 있다고 믿는다면 오늘 나는 무엇을 바꿔볼 수 있을까요?

예시) 목표를 줄이지 않고 완수할 방법 찾기, 해낼 수 있는 작은 행동 하나 찾기.

성장하는 나를 위한 문장 완성

1 지금 원하는 목표가 불가능하다고 생각되는 이유는

인 것 같다.

2 하지만 관점을 바꿔보면, 그 목표는

(으)로 이룰 수도 있다.

Chapter 4

누군가를 진심으로 축하할 수 없을 때

Day 16

타인의 성공을 나의 실패로 착각하지 말 것

Someone else's win doesn't mean your loss.
I'm not falling behind. I'm just on my own path.
What matters more than comparison is the direction I'm heading.

누군가의 승리가 나의 패배를 뜻하지는 않는다.
나는 뒤처진 게 아니다. 내 갈 길을 가는 것이다.
비교보다 중요한 건 지금 내가 향하고 있는 방향이다.

다른 사람이 좋은 결과를 내는 것을 볼 때 마음이 불편한가요? 씁쓸하고 스스로가 작아지나요? 결과만 두고 저울질하는 불필요한 비교는 자극이 아닌 자책이 되기 쉽습니다. '나는 왜 저렇게 하지 못할까?' 하고 말입니다.
타인의 성과는 나의 여정과는 상관없는 독립된 일입니다. 같은 목표를 향해 간다고 같은 기준 위에 있는 것은 아닙니다. 지금 나를 흔드는 것이 정말 다른 사람의 성과인가요? 아니면 왠지 부족해 보이는 나의 현재인가요? 그것부터 정확히 직시해야 합니다. 그렇지 않으면 나아갈 방향을 놓치게 됩니다.

Night 16

이제 그만 비교의 함정에서 빠져나와요

Stop comparing your life to someone else's.
Your timing is your own.
Focus not on someone else's finish line, but on your own next step.

다른 사람의 인생과 비교하는 걸 멈추세요.
여러분의 타이밍은 여러분만의 것입니다.
타인의 결승점이 아닌, 나의 다음 걸음에 집중해보세요.

비교는 소리 없이 시작됩니다. 무심코 보게 된 SNS에서, 친구의 지인 이야기에서, 실체 없는 소문에서 말이죠. 그 '말'들 속에서 누군가는 승진하고, 결혼하고, 이직합니다. 나만 제자리인 것 같은 순간들이 반복되면 조금씩 뒤틀리게 돼요. 처음엔 그저 '좋겠다' '부럽다' 정도였던 마음이 나를 깎아내리죠.
하지만 타인과의 비교로는 나를 설명할 수 없습니다. 그 비교 안에는 그들의 노력도 나의 과정도 들어 있지 않거든요. 비교를 멈출 수 없다면, 당장 내가 하고 있는 노력에 집중하세요. 자연스럽게 비교는 옅어지고 나의 길이 선명해질 거예요.

Day 17

질투와 미움 대신 목표와 욕망에 집중하기

Sometimes, it's hard to genuinely celebrate others.
It's not because you're a bad person—it just really hurts to feel left behind.

가끔은 다른 사람을 축하하는 게 불가능하다.
당신이 나쁜 사람이어서가 아니다.
뒤처진 것 같은 느낌이 싫어서다.

누군가를 온전히 진심으로 축하할 수 없을 때가 있습니다. 그 사람을 미워해서도 인정하지 않아서도 아닙니다. 그냥 그 성과가 나에게는 너무 먼 일인 것 같기 때문입니다. 그 거리감이 지나치면 타인의 기쁨이 나의 상처가 되기도 합니다.

그 감정을 숨기느라 급급해지지 마세요. 나 자신에게는 조금 더 솔직해져도 괜찮습니다. 무엇이 부럽고 무엇이 질투가 나는지 수면 위로 끌어올리세요. 그러면 내가 무엇을 갈망하고 있고, 그것을 위해 어떤 노력을 하고 있는지 보일 겁니다. 축하하지 못하는 자신을 탓하는 대신, 그 안에 담긴 나의 목표와 욕망에 집중하세요.

Night 17

감정에 옳고 그름은 없어요

You don't have to fake happiness for others.
It's okay to have mixed feelings about someone else's success.
Begin by making room for your real feelings.

타인을 위해 억지로 행복한 척 하지 않아도 됩니다.
타인의 성공에 마음이 복잡해지는 건 이상하지 않아요.
일단 그 감정에 솔직해지도록 내면의 공간을 허락해주세요.

친구의 승진 소식에 마음이 복잡해지는 밤, 유난히 나 자신이 초라해집니다. 나는 왜 이렇게 못났을까요? 나는 왜 앞으로 나아가지 못한 채 축하도 제대로 해주지 못할까요? 감정에는 옳고 그름이 없습니다. 내가 이루고 싶은 목표를 먼저 이룬 사람을 보면 샘이 나기도 하고 자책하기도 해요. 이런 복잡한 감정들은 지극히 인간답습니다. 중요한 것은 그 감정을 어떻게 다루느냐입니다. 억지로 "축하해!"라고 외치기 전에, 나의 마음을 인정해주세요. '아, 나 지금 저 친구가 부럽구나. 나도 저걸 원하고 있었구나' 하고 말이에요.

Day 18

미래에 대한 불안이 질투를 낳는다

What feels like jealousy might actually be fear.
The fear of wondering, "When will it be my turn?"
It's not jealousy. It's just a deeply human feeling.

질투처럼 느껴지는 감정이 사실 두려움일 수 있다.
"내 차례는 언제 올까" 하는 두려움.
그건 질투가 아니라, 지극히 인간다운 감정일 뿐이다.

누군가가 부러워질 때, 이런 생각이 듭니다. '나는 왜 이렇게 못됐을까?' 스스로를 못난 사람 취급하기 전에 조금 더 들여다봅시다. 그래서, 그 사람이 미운가요? 그 사람이 실패하기를 바라나요? 아마도 그렇지는 않을 겁니다.

질투로 얼룩진 마음의 깊은 곳에는 이런 생각이 들어 있습니다. '내게도 언젠가 저런 순간이 올까?' '나의 노력이 결실을 맺을 수 있을까?' 이것은 타인이 아닌 나의 미래에 대한 불안감입니다. 질투를 질투로 끝내지 마세요. 내 답답한 상황을 극복해낼 원동력으로 삼으세요.

Night 18

억지 기쁨이 아닌 있는 그대로의 진심

You don't owe anyone your joy.
Forced happiness is far from kindness.
You can express your truth in quiet ways.

누군가에게 기쁨을 보여줘야 할 의무는 없어요.
억지 행복은 친절과는 거리가 멉니다.
당신의 진심을 조용하게 전할 수도 있어요.

'남의 기쁨에 함께 기뻐해야 좋은 사람'이라는 말에 우리는 너무 익숙해져 있습니다. 그래서 마음이 그렇지 않을 때도 '좋은 사람'이 되기 위해 억지 웃음을 짓곤 합니다. 하지만 그 억지 웃음이 정말로 상대를 위한 친절일까요? 진짜 친절은 나를 숨기려고 만들어 낸 표정이 아닌 조용한 진심에 담겨 있습니다.
어떤 사람은 진심으로 기쁨을 나누기까지 남들보다 시간이 더 걸리기도 해요. 기계적으로 축하하지 마세요. 진심 없이 전하는 기쁨은 상대에게도 나 자신에게도 이롭지 못합니다. 대신 진심으로 축하할 수 있는 순간에는 아낌없이 그 마음을 쏟으세요.

Day 19

질투는 성장의 방향을 알려준다

Jealousy isn't a character flaw—it's information.
It reveals what you truly want.
Listen before judging your feeling.

질투는 성격적 결함이 아니라 정보다.
당신이 진짜 원하는 게 뭔지 보여주기 때문이다.
그 감정을 판단하기 전에, 일단 귀 기울여라.

질투는 이상하지 않습니다. 무언가 나의 내면을 건드렸다는 거죠. 스스로에게 질문하세요. '지금 내가 저 사람이 부러운 이유는 뭐지?' 의외로 선명한 답이 돌아오기도 합니다. 아직 내려놓지 못한 목표, 미뤄둔 욕망, 나 자신을 의심했던 순간 같은 것들이 불쑥 튀어오릅니다.

질투는 나를 찌르는 동시에 내가 진짜 원하는 것이 무엇인지 알려줍니다. 욕망의 힌트라고나 할까요? 그 감정이 알려주는 대로 따라가보세요. 그 끝에 지금보다 더 현명한 선택지가 기다리고 있을지도 모릅니다.

Night 19

휘몰아치는 감정을 다루는 연습

Ask gently before you react.
What is this feeling trying to tell me?
What is it that I truly need right now?

반응하기 전에 부드럽게 물어보세요.
이 감정이 나에게 말하려는 건 뭘까?
지금 내게 진짜 필요한 건 무엇일까?

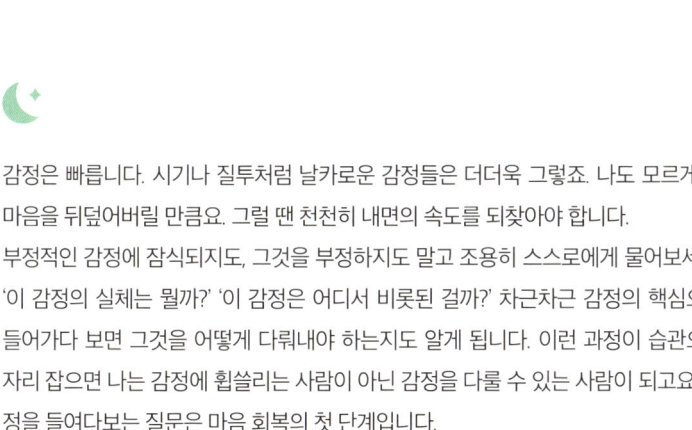

감정은 빠릅니다. 시기나 질투처럼 날카로운 감정들은 더더욱 그렇죠. 나도 모르게 내 마음을 뒤덮어버릴 만큼요. 그럴 땐 천천히 내면의 속도를 되찾아야 합니다.
부정적인 감정에 잠식되지도, 그것을 부정하지도 말고 조용히 스스로에게 물어보세요. '이 감정의 실체는 뭘까?' '이 감정은 어디서 비롯된 걸까?' 차근차근 감정의 핵심으로 들어가다 보면 그것을 어떻게 다뤄내야 하는지도 알게 됩니다. 이런 과정이 습관으로 자리 잡으면 나는 감정에 휩쓸리는 사람이 아닌 감정을 다룰 수 있는 사람이 되고요. 감정을 들여다보는 질문은 마음 회복의 첫 단계입니다.

Day 20

다른 사람의 속도에 위축되지 말 것

You don't see people's efforts—you only see their highlights.
Everyone looks fast at the finish line.
You're not behind. You're just on your path.

당신은 사람들이 노력한 장면은 보지 못하고,
단지 하이라이트만 보게 된다.
결승선에서 보면 모든 사람이 빨라 보인다.
당신이 뒤처진 게 아니라, 당신의 길을 가는 것이다.

자꾸만 다른 사람의 속도가 신경 쓰입니다. 앞사람과의 거리가 얼마나 멀어지고 있는지, 뒷사람과의 거리가 얼마나 좁혀지고 있는지 살피고 계산하죠. 그러면서 내가 느린 것 같아 조급해집니다. 하지만 그럴 때 우리가 보는 건 전체 경기의 모습이 아닌 단편적인 순간들뿐입니다. 스포츠뉴스에서 보여주는 하이라이트 장면 모음 같은 거죠.
다른 사람의 과정을 모른 채 그 사람의 속도가 빠른지 느린지 평가할 수는 없습니다. 지난 노력과 경험이 속도에 반영되기 때문입니다. 나의 속도도 마찬가지입니다. 지난 시간들의 가치를 보지 않고 다른 사람과 비교하며 스스로를 몰아붙이지 마세요. 나의 속도를 인정하고, 성실하게 나의 길을 가다 보면 어느 순간 목적지가 보입니다.

Night 20

내 안에 쌓인 시간을 믿어봐요

You might not realize how far you've come.
But when you look back, you surely won't be where you started.
Growth doesn't always make a loud noise.

스스로 얼마나 멀리 왔는지 느끼지 못할 수 있어요.
하지만 뒤를 돌아보면, 분명 시작했던 곳에 있지는 않을 거예요.
성장이 항상 요란한 건 아니거든요.

계속 노력하고 있는데 손에 닿는 것은 아무것도 없어 막막한가요? 그래서 혹시 충분히 애쓰지 않은 건 아닌지, 길을 잘못 잡은 것은 아닌지, 아예 목표 자체가 불가능한 것은 아닌지 자신을 의심하게 되나요?
그럴 땐 앞으로 얼마나 더 가야 할지 내다보는 대신 지금까지 얼마나 왔는지 돌아보세요. 분명, 시작했던 곳에 그대로 서 있지는 않을 거예요. 예전의 나라면 감당하지 못했을 일들을 무사히 지나온 지금의 나를 마주하세요. 그 경험의 힘이 내 안에 고스란히 쌓였음이 느껴질 겁니다. 나는 이미 많은 것을 해낸 사람이에요.

Your Time to Grow
나를 깊고 넓게 알아가는 질문

1 '누군가의 좋은 소식'을 듣고 마음이 복잡했던 적이 있나요? 그때, 나의 깊은 내면에 올라온 구체적인 감정은 무엇이었나요?

예시) 초조함, 서운함, 부러움, 무기력함, 나만 멈춘 듯한 느낌.

2 이 감정이 말해주는 내 안의 간절함은 무엇일까요?

예시) 나도 빛나고 싶다, 나의 노력을 가시화하고 싶다, 나의 가능성을 확신하고 싶다.

3 질투라는 감정이 알려주는 '내가 진짜 원하는 것'을 위해 당장 오늘부터 해볼 수 있는 한 가지는 뭐가 있을까요?

예시) 아침마다 30분씩 글쓰기, 퇴근 후 영어 공부하기, 매일 가족과 시간 보내기.

성장하는 나를 위한 문장 완성

① 누군가를 축하해주기 어려웠던 그 순간, 나는 사실 _____
_____ (을)를 바라고 있었다는 걸 느꼈다.

② 이 감정을 질투라고만 부르지 않고, _____
_____ (이)라고 이해해보기로 했다.

③ 내 꿈을 위해 _____
_____ (을)를 해보려고 한다.

Chapter 5

잘하고 싶어서
아무것도 하지 못할 때

Day 21

'완벽함'은 나아갈 방향이다

Perfection is not the end.
It is only a direction to move toward.
The strength that carries you forward comes
from the process itself.

완벽은 끝이 아니다.
그저 나아갈 방향일 뿐이다.
당신을 앞으로 나아가게 하는 힘은 과정에서 나온다.

완벽을 꿈꾸며 출발한 사람은 종종 그 완벽에 짓눌려 포기합니다. 완벽을 '달성해야 하는 것'으로 바라보기 때문입니다. 하지만 우리가 성장을 이루는 순간은 완벽해진 때가 아니라 완벽을 추구하며 나아갈 때입니다.
완벽이란 종착점이 아닌 이정표입니다. 실수를 두려워하지 말고 방향을 잃지 않는 것에 집중해보세요. 불완전한 오늘을 용감하게 살아낸 사람들은 성큼 자란 모습으로 내일을 맞이합니다.

Night 21

혼자 너무 애쓰고 있진 않나요?

Perfectionism often thrives in isolation.
When you are with others, excellence takes root.
Let others in.

완벽주의는 고립될 때 자라나기 쉽습니다.
사람들과 함께할 때는 완벽함이 아닌 '탁월함'이 자리를 잡아요.
사람들에게 곁을 허락해보세요.

완벽주의가 강한 사람일수록 모든 일을 혼자 해내려는 경향이 있습니다. 다른 사람의 피드백을 받아들이면 중심이 흐트러질 것 같고, 다른 사람에게 도움을 요청하면 부족해 보일 것 같죠. 혼자서 전부 끌어안고 주변을 둘러보지 않아요.
하지만 우리가 추구해야 하는 태도는 완벽함이 아닌 탁월함입니다. 그리고 탁월함은 누군가와 함께할 때 비로소 자라납니다. 연결과 교류 속에서 관점을 다듬고, 공감과 위로 속에서 실수를 극복하고, 응원과 지지 속에서 추진력을 얻습니다.
내일은 좋은 사람들에게 먼저 다가가보세요. 서로에게 도움을 주는 관계는 더 강력하고 탁월한 결과를 낳습니다.

Day 22

잘하려고 할수록
덜하게 되는 이유

The harder you try to be perfect,
the more often you can't even begin.
Change begins only when I show up.

완벽히 해내려고 애쓸수록
시작조차 하지 못는 경우가 많다.
변화는 나를 드러내야 비로소 시작된다.

완벽을 추구하는 사람들은 시작하기 어렵습니다. 조금이라도 부족할 바에는 시도조차 하지 않습니다. 내가 생각하는 그림대로 모든 것이 갖춰질 때까지 기다리고, 기다림은 압박으로 바뀌어 초조해집니다. 행동이 늦으니 기회를 놓치기도 하고요.

완벽을 좇기에 앞서 꾸준해지세요. 잘하려는 마음을 내려놓고 조금은 가볍게 거듭할 때, 오히려 잘할 가능성이 높아집니다. 변화는 완벽이 아닌 실천에서 시작됩니다. 일단 첫걸음을 떼고, 반복하면서 실수를 수정하고, 발견한 장점은 더욱 보강하는 것. 이 일련의 과정을 우리는 성장이라고 부릅니다.

Night 22

실수는
걸림돌이 아닌
노력의 흔적이에요

Mistakes are not what block my path.
They're breadcrumbs I drop as I move forward.
Making mistakes means I'm moving forward.

실수가 내 앞을 가로막는 것이 아닙니다.
내가 앞으로 나아가며 흘리는 빵 조각 같은 거예요.
실수를 한다는 건, 내가 전진하고 있다는 뜻이에요.

'실수 없이 성공할 수 있다'라는 믿음. 이것이야말로 실수에 관한 가장 강력한 '미신'입니다. 단 한 번의 실수나 실패 없이 성공했다고 말하는 사람이 있다면 그는 사기꾼이거나 솔직하지 못한 거예요. 사람들은 실수하기 싫다는 이유로 스스로에게 제동을 겁니다. 하지만 나를 멈추게 하는 진짜 이유는 실수 자체가 아닌 실수를 받아들이는 방식이에요. 열심히 움직이는 사람의 뒤에는 많은 땀방울이 떨어져 자국이 남습니다. 실수도 이와 크게 다르지 않아요. 우리가 진심으로 최선을 다해 움직였을 때 동반되는 현상일 뿐입니다. 실수를 두려워하지 마세요. 실수는 성장의 밑거름이자 증표입니다.

Day 23

흔들려도
다시
돌아오는 힘

Perfection wavers.
Consistency builds.
Greatness comes from rhythm.

완벽함은 흔들린다.
일관성은 쌓여간다.
위대함은 리듬에서 나온다.

완벽해지려고 애쓸수록 작은 실수에도 무너집니다. 탁월한 사람들의 가장 큰 특징은 흔들리지 않는 나만의 '리듬'을 가지고 있다는 것입니다. 조금 뒤로 물러나더라도 나의 리듬을 따라 균형을 되찾죠. 이런 사람들의 내면은 단단하면서도 유연합니다.

흔들려도 다시 돌아오는 리듬을 다른 말로 표현하면 '일관성'입니다. 공들여 축적된 일관성은 나를 지키는 가장 확실한 무기가 됩니다. 완벽하지 않아도 괜찮습니다. 오늘도 지켜낸 나의 리듬이 목적지까지 나를 데려다줄 테니까요.

Night 23

완벽보다 완주를 추구하는 삶

Starting requires courage.
Carrying on requires strength.
And when you finish the race, you gain
'freedom.'

시작에는 용기가 필요합니다.
시작한 것을 끌고 가는 것에는 힘이 필요합니다.
그리고 끝까지 완주한다면 '자유'를 얻을 수 있어요.

누구나 처음엔 의욕이 넘칩니다. 하지만 시간이 지나면 하나둘 그만둡니다. 끝까지 완주하는 사람은 생각보다 많지 않죠.
나를 성장시키는 데 완주는 완벽보다 훨씬 중요합니다. 용기를 바탕으로 시작하고, 흔들려도 일관되게 이끌어나가며, 마침내 결승선에 도달하는 완주의 흐름에 익숙해졌을 때 가장 좋은 점은 더 이상 목표에 끌려다니지 않는다는 거예요. 내가 중심이 되어 목표와 차근차근 가까워지는 것이 무엇인지 알게 되었기 때문이죠. 그럴 때 우리는 상상 이상의 '자유'를 느낍니다. 어떻게든 완주하는 힘은 우리를 다른 차원으로 안내합니다.

Day 24

아직 준비되지 않았다는 말은 핑계다

You don't have to be ready.
You just have to start.
Clarity naturally follows when you move.

준비되지 않아도 괜찮다.
그냥 시작하기만 하면 된다.
움직이면 명확함은 자연스레 따라온다.

"아직 준비되지 않았어요." 이 말은 우리에게 가장 안전한 핑계가 되고는 합니다. 때로는 다른 사람에게, 때로는 나 자신에게 이렇게 말하며 문제를 회피하죠. 그러고는 나쁜 상상, 타인과의 비교, 끝없는 자책 같은 '가짜 준비'로 시간을 허비합니다. 진짜 준비는 행동입니다. 움직일 때 해야 하는 것들이 보이고, 보이는 것들을 하나씩 해내면 됩니다. 완벽한 준비는 없습니다. 움직일수록 분명해지고 나아갈수록 구체화됩니다. 그 명확성을 찾아가는 기쁨을 누리세요. '아직 준비되지 않았다'라는 말은 영원한 방공호가 아닙니다. 용기를 내는 순간 길이 열릴 거예요.

Night 24

과도한 책임감이 나를 갉아먹게 두지 말아요

Responsibility is good, but too much of it erodes me.
You can't carry everyone and everything.
Sometimes letting go is the bravest choice.

책임감은 분명 좋지만, 과하면 나를 갉아먹어요.
모든 사람과 모든 것을 다 짊어질 수는 없어요.
때로는 내려놓는 것이 가장 용감한 선택입니다.

해야만 하는 일들에 둘러싸여 허덕이며 하루를 보냈나요? 그런 날이 갈수록 많아지나요? 일, 관계, 감정까지 모두 책임지려는 마음은 곧잘 몸집을 불려 일상에 과부하를 불러오곤 합니다. 민폐를 끼치고 싶지 않고, 실망시키고 싶지 않은 마음은 당연합니다. 하지만 '책임을 진다'가 아닌 '책임을 감당한다'가 되기 시작하면 결코 좋지 않습니다.

책임감은 나를 단단하게 만들지만, 때로는 나를 몰아붙이는 명분이 됩니다. 너무 많은 것을 짊어지면 균형이 무너져버려요. 진정한 책임감은 나를 책임지는 것에서 출발합니다. 지금 거대한 책임감이 나를 망치고 있지는 않은지 점검해보세요.

Day 25

완전무결한 선택은 없다

No path is perfect.
Every choice comes with a risk.
What matters is the strength to move forward despite it all.

완벽한 길은 없다.
모든 선택에는 리스크가 따른다.
중요한 것은 그럼에도 불구하고 앞으로 나아가는 힘이다.

성장하는 사람의 삶은 원래 조금씩 계속 흔들리는 법입니다. 그럴 때마다 나의 선택을 의심하게 됩니다. 잘못된 선택으로 잘못된 길을 가게 될까 불안하고 당황스럽죠. 그런데 실은 불확실한 미래 앞에서 움직이는 스스로의 모습이 낯선 것뿐입니다.
어차피 완벽한 선택은 없습니다. 안타깝지만, 어떤 방향으로 가든 내가 만족할 만큼의 안정은 주어지지 않아요. 중요한 것은 불완전한 선택을 대하는 태도입니다. 흔들림을 실패로 받아들이지 말고 다음 선택의 바탕으로 삼으세요. 나약해서 흔들리는 게 아니라 용기 있는 결정을 내려서 변화하는 겁니다.

Night 25

불확실성 속에서 나의 길을 찾으려면

Uncertainty doesn't make it the wrong way.
Sometimes it means a new path.
It's natural to be scared when doing something new.

불확실하다고 해서 잘못된 길인 건 아니에요.
그건 때로는 새로운 길이라는 의미입니다.
새로운 걸 할 때 무서운 건 당연해요.

불안정한 상태가 오래 지속되면 '내가 잘못 가고 있는 거 아냐?'라는 생각이 자연스럽게 떠오릅니다. 특히, 다른 사람들이 이미 닦아놓은 길이 아니라면 더욱더 그렇고요. 확신도 물어볼 사람도 없으니 당연합니다.
하지만 그 두려움은 잘못된 길을 가고 있다는 의미가 아닙니다. 누구도 가본 적 없는 길을 가장 먼저 열고 있다는 뜻이죠. 이 두 가지는 전혀 달라요. 개척자의 막막함을 멈춤 경고로 오해하지 마세요. 나는 지금 길을 잃은 것이 아니라 나만의 방향을 만드는 중일지도 모릅니다.

Your Time to Grow

나를 깊고 넓게 알아가는 질문

1 완벽해야 한다는 생각이 나에게 어떤 불편함을 주고 있나요?

예시) 시작만 하고 끝내지 못한 채 쌓인 프로젝트들, 시도를 회피하는 습관.

2 완벽이 아니라 '일관성'을 선택하면 내 삶에서 무엇을 덜어낼 수 있을까요?

예시) 실패에 대한 두려움, 책임에 대한 부담, 스스로를 향한 불신.

3 완주한 경험이 있다면 그 끝에서 나는 무엇을 느꼈나요?

예시) 해냈다는 자신감, 더 가벼워진 마음, 다시 시작할 용기.

성장하는 나를 위한 문장 완성

1 실수를 하지 않는 것보다 중요한 건 _____

_____ (이)다.

2 오늘 나는 완주를 위해 _____

_____ 만큼만 해보려고 한다.

Chapter 6

나 자신을 믿기 어려워질 때

Day 26

지금의 '나'에게 맞는 새로운 기준

Old standards have brought you here.
But it's new ones that open new opportunities.
Genuine effort involves freshly defining what
truly matters now.

과거의 기준들이 당신을 여기까지 데려왔다.
하지만 새로운 기회들을 열어주는 것은 새로운 기준들이다.
진정한 노력에는, 지금 정말로 중요한 것을
새롭게 정의 내리는 일이 포함된다.

과거의 기준에 너무 익숙해진 나머지 현재까지도 그 기준으로 살아가는 경우가 있습니다. 하지만 낡은 기준은 더 큰 세계로 나아가는 나를 붙잡는 족쇄가 됩니다.
더 노력해야 했던 과거의 나에게는 책임감, 열정, 용기 같은 지표가 유효했지만, 잘 나아가고 있는 지금의 나에게는 그에 맞는 새로운 지표가 필요합니다. 여유나 포용, 균형 같은 것들 말이죠. 나 자신이 예전에 비해 기준에 미치지 못한다고 생각될 때는 성장이 멈췄을까 걱정하기에 앞서 그 기준을 돌아보고 새롭게 정의해보세요.

Night 26

의심이라는 벽돌로 내면에 쌓는 벽

The hardest wall to break down isn't outside.
The hardest wall is the one your doubts build inside you.
Try to stop shutting yourself out of your dreams.

무너뜨리기 가장 어려운 벽은 바깥에 있지 않습니다.
스스로의 의심이 내면에 쌓아 올린 벽이 가장 견고한 법이죠.
나의 꿈에서 스스로를 밀어내는 걸 멈춰보세요.

"더 이상 길이 없어!"라고 외치며 주저앉거나 뒤돌아섰던 경험이 한 번쯤은 있을 거예요. 그때의 막막함과 자괴감은 너무나 괴롭습니다. 또 다시 그런 벽을 만난다면 그것이 정말 외부의 벽인지, 아니면 내 안에서 스스로를 막는 벽인지 잘 확인해야 해요.
자신을 의심하고 자꾸만 뒤로 물러나는 마음은 내면의 벽을 쌓아 올립니다. 이 벽은 외부의 문제가 나를 막아서기도 전에 스스로를 포기시키려고 합니다. 쉽게 물러서지 않고 성장을 이어가려면 이 내면의 벽부터 허물어야 합니다. '어차피 너는 안 돼'라고 속삭이는 마음속 목소리에서 벗어나세요. 그 목소리가 '나는 늘 네 편이야' 혹은 '너는 할 수 있어'라고 바뀌는 순간, 내 안의 높은 벽에 균열이 생길 거예요.

Day 27

나에 대한 오해에 휘둘리지 말자

It's okay for you to change.
It's okay for you to want more.
Not everyone will understand, and that's okay.

당신은 변해도 된다.
당신은 더 많은 것을 원해도 된다.
모두가 이해하지는 못할 거고, 그래도 상관없다.

변화는 관계에도 영향을 미칩니다. 그리고 누군가는 당신의 변화를 불편해하기도 해요. 예전보다 나의 생각을 분명하게 말할 수 있게 되었을 뿐인데, 사람들과 거리 두기 하는 법을 익혔을 뿐인데 누군가 "너 요즘 달라졌다?" 하고 눈치를 주면 마음이 복잡해집니다. 나의 노력이 욕심으로 비춰졌다니 속상하고 답답할 거예요.

어떤 성장은 다른 사람의 이해를 받지 못하기도 합니다. 변화의 원인과 과정, 그때의 감정을 나는 알고 있지만, 모두에게 설명하고 설득하기란 쉽지 않죠. 그럴 땐 스스로를 믿는 것 외에는 방법이 없습니다. 움츠러들지 말고 변화를 지속하세요.

Night 27

자기방어라는 갑옷을 벗고 자유를 느껴요

At one point, you might have needed armor to make it through.
But now that same armor keeps you from moving forward.
It's time to lay down your armor for growth rather than survival.

한때는 생존을 위해 갑옷을 입어야만 했을 수 있어요.
하지만 지금은 그 갑옷이 당신의 성장을 가로막고 있어요.
생존보다 성장을 위해 스스로 갑옷을 내려놓을 시간이에요.

우리는 삶의 어떤 순간을 버티기 위해 나만의 생존법을 만들어냅니다. 그것은 감정일 수도 있고, 옷차림일 수도 있고, 하루의 루틴이나 관계의 거리일 수도 있습니다. 한때는 효과가 있었겠지만, 언제까지나 그렇지는 않아요.
성장의 궤도에 오른 사람에겐 튼튼한 방어가 아닌 무한한 자유가 필요합니다. 갑옷을 벗고 나의 잠재력을 펼칠 때가 왔어요. 지금까지 잘 해낸 자신을 인정해주세요. 그 어느 때보다 자신을 향한 신뢰가 뒷받침되어야 합니다. 당신은 생각보다 강하고, 더 많은 것을 할 수 있어요.

Day 28

이토록 간절한데 왜 발이 안 떨어질까?

It's not laziness.
It's not lack of will.
The very sense that my true dream is starting makes me feel afraid.

게으른 것이 아니다.
의지가 없는 것도 아니다.
진짜 내 꿈이 시작될 것 같아서
오히려 두려운 마음이 생기는 것이다.

때로는 너무 간절해서 망설여지기도 합니다. 원하는 게 분명한데도 행동하지 않는다니, 왜 그럴까요? 너무 절실해서 쉽게 시작하기 두려운 마음도 있습니다.
하지만 가만히 기다린다고 두려움이 저절로 사라지지는 않습니다. 행동만이 두려움을 없앨 수 있죠. 작은 걸음이라도 내딛었을 때, 두려움이 용기로 전환됩니다. 간절함은 행동과 함께일 때 제 능력을 발휘합니다. 망설임을 딛고 나아간다면 더 멀리 갈 수 있습니다.

Night 28

일단 나를 믿어보면 어때요?

It's not about becoming trustworthy to others first.
You have to trust yourself first.
That's where all growth begins.

타인에게 믿을 만한 사람이 되는 것이 먼저가 아닙니다.
스스로를 먼저 믿어줘야 해요.
모든 성장은 거기서부터 시작되거든요.

'다른 사람이 믿을 수 있는 사람이 되자!' 사람들이 자주 하는 다짐입니다. 물론, 좋은 다짐입니다. 하지만 그보다 선행되어야 할 일이 있어요. 바로, '내가 믿을 수 있는 사람'이 되는 것입니다. 진짜 변화는 자기 확신을 기반으로 이루어집니다. 스스로를 의심하며 시작되는 변화는 지속될 수 없어요.

실력이 같아도 스스로를 믿는 사람은 그렇지 않은 사람보다 훨씬 멀리 갈 수 있습니다. 간혹 실패하더라도 '나는 원래 못하는 사람이니까' 하고 물러나지 않고, '다음번에는 할 수 있어'라고 다시 일어나거든요. 오늘 하루, 조금 힘든 일이 있었어도 그 또한 나의 자양분이라고 믿으며 긍정적인 마음으로 삼사리에 늘어보세요. 그 믿음이 당신을 다음 단계로 이끌어줍니다.

Day 29

남들에게
맞추기만 하다가
잃어버리는 것

Say "yes" too often, your true self disappears.
Living in harmony isn't worth trading away my identity.
Don't shrink yourself just to make others comfortable.

너무 자주 '네'라고 말하면, 진짜 나의 모습이 사라진다.
조화로운 관계가 나의 정체성과 맞바꿀 만큼 가치 있지는 않다.
다른 이들을 편안하게 하기 위해 스스로를 위축시키지 말자.

예스맨은 자칫 '예스만 할 줄 아는 사람'이 되기 쉽습니다. 항상 괜찮다고 말하는, 남에게 맞춰주는, 모두를 이해하는 사람이 되죠. 처음에는 상대를 향한 배려와 양보였지만 시간이 지날수록 내가 원래 무엇을 하고 싶었는지 잊어버리고 맙니다. 관계를 지키기 위해 자신을 뒤로 미루고 참는 버릇은 스스로를 위축시킵니다.

당연히, 배려와 양보는 필요합니다. 하지만 동시에 타인과의 적정한 거리도 필요해요. 건강한 관계는 나를 덜어내는 것이 아니라 나로 존재해도 괜찮을 때 형성됩니다.

Night 29

다시 예전처럼 무너질까 봐 두려운가요?

Fear often follows right behind growth.
The more desperate you are, the bigger the doubt grows.
But just because fear shows up doesn't mean you're falling apart again.

두려움은 성장 바로 뒤를 따라오곤 합니다.
간절할수록 의심도 커지죠.
하지만 두려움이 찾아왔다고 해서 당신이 다시 무너지는 건 아니에요.

한 번 무너져본 사람은 비슷한 상황에 또 다시 놓이면 과거가 되풀이될 것이라는 두려움을 무의식 속에 가지고 있습니다. 그래서 아직 아무 일도 일어나지 않았고, 심지어 꽤 괜찮은 성과를 내고 있어도 마음 한구석에는 불안이 늘 존재하죠.
기억하세요. 그때의 당신과 지금의 당신은 다르답니다. 이미 많은 과정을 성실하게 거치며 성공의 경험을 충분히 쌓아왔으니까요. 혹시 오늘 밤 불안이 밀려와 잠을 설칠 것 같다면 나를 향해 조용히 속삭여보는 것도 좋겠습니다. "나는 그때와 다르고, 지금도 달라지고 있다"라고요.

Day 30

나의 레이스에 집중하라

Your strength lies in staying true to your path.
Focus not on how far others have gone, but on your next step.
A champion focuses on their own game, not the scoreboard.

당신의 길을 지키는 것이 곧 당신의 힘이다.
다른 사람들이 얼마나 멀리 갔는지 살피지 말고, 당신의 다음 단계에 집중하라.
챔피언은 점수판이 아니라 자신의 경기에 집중하는 사람이다.

성공하는 사람들의 공통점 중 하나는 다른 사람과의 비교에 시간을 쏟지 않는다는 것입니다. 누군가의 성공 소식을 접했을 때 보통의 사람들은 비교에 열중하느라 자신의 페이스를 놓칩니다. 괜히 자신이 작아지는 것 같고, 평범한 시도도 망설이게 됩니다. 반면, 성공하는 사람들은 타인의 성과에 몰두하지 않습니다. 잠시 흥미를 느끼더라도 곧 자신에게로 시선을 돌려 레이스를 이어갑니다. '그 사람은 성공했구나. 그럴 만한 이유가 있겠지. 그렇다면 나는 어떻게 해야 더 성장할 수 있을까?'라고 스스로에게 질문하면서 말이죠. 어떤 노력이 배경에 있는지 알 수 없는 타인의 성공을 좇는 건 부질없습니다. 시금 집중해야 힐 깃은 힌 가지뿐이에요. 네가 나아갈 바로 다음 단계만 보세요.

Night 30

오늘을 버텨낸 당신이 얻은 것

Life might not get any easier.
But it will get easier for you.
Because you're getting stronger.

현실은 쉬워지지 않을 수 있습니다.
하지만 당신에게는 갈수록 수월해질 거예요.
당신이 점점 강해지고 있으니까요.

현실이 거칠고 고달파 유난히 지치는 날에는 막연히 묻습니다. '내 삶은 언제쯤 수월해질까?' 사실, 현실이 수월해지리란 보장은 없습니다. 오히려 나이가 들수록 책임은 무거워지고, 역할이 많아질수록 고민은 복잡해지죠.

현실이 그대로라면 내가 달라지면 됩니다. 강인한 체력과 내면을 기르면 이전에는 어려웠던 일들이 '견딜 만'해져요. 오늘을 잘 버텨냈다면, 또 하루만큼 강해졌다는 뜻입니다. 삶은 살아내는 근육들이 조금 더 튼튼해졌다는 뜻입니다. 그렇게 조금씩 강해진 사람은 위기를 맞아도 가뿐히 일어나 빠르게 회복합니다.

Your Time to Grow

나를 깊고 넓게 알아가는 질문

1 지금 나를 가장 크게 가로막고 있는 내 안의 '벽'은 무엇인가요?

예시) 완벽해야 한다는 기준, '난 아직 부족해'라는 생각, 타인의 시선.

2 이전에는 나를 지켜줬지만 지금은 나를 방해하는 방식은 무엇인가요?

예시) 방어적 태도, 자기 의심, 완벽한 준비를 추구하는 것.

3 지금의 나에게 필요한 '새로운 기준'은 무엇일까요?

예시) 당장 움직이는 용기, 진정성, 가능성.

성장하는 나를 위한 문장 완성

1 요즘 나는 _____

_____ (이)라는 이유로 자꾸 멈추게 된다.

2 내가 진짜로 원하는 삶은, 내가 나를 _____

_____ 하는 순간부터 시작될 것이다.

Chapter 7
중심을 잃고 갈피를 못 잡을 때

Day 31

지금 무언가에 휩쓸리고 있다면

You're not lost.
You're just caught up in too many things right now.
Clarity of direction emerges once the needless noise is stripped away.

당신은 길을 잃지 않았다.
너무 많은 것에 휘말려 있을 뿐이다.
불필요한 소음을 걷어낼 때 방향이 명확하게 보이기 시작한다.

길을 잃었다고 생각될 때는 상황을 조금 더 자세히 돌아봐야 합니다. 지금 나의 에너지를 가장 많이 소모시키는 것이 무엇인지 알아내야 하죠. 주어진 과제, 주변의 시선, 반복되는 비교…. 이런 것들이 얽혀 있으면 앞이 제대로 보일 리 없습니다.
내 시야를 가리는 것들을 하나씩 걷어내면 진짜 중요한 것이 무엇인지 직면하게 됩니다. 눈앞이 명확해지면 방황하던 마음도 제자리를 찾습니다.

Night 31

정답이 아닌 질문이 필요해요

You don't need to have all the answers right now.
Start with a single honest question.
That's how the path will reveal itself again.

지금 당장 모든 답을 알아낼 필요는 없어요.
단 하나의 솔직한 질문으로 시작해보세요.
그렇게 하면 길이 다시 모습을 드러낼 거예요.

갈피를 잡지 못하고 혼란스러울 때는 자신을 향해 쉴 틈 없이 질문을 쏟아냅니다. '뭘 해야 하지?' '지금 옳은 선택을 했나?' '저번에 그 일이 혹시 문제가 될까?' 하고 말입니다. 그리고 정답을 찾아 헤맵니다. 지금 나의 방황을 단숨에 끝내줄 최고의 해결책이 있길 기대하죠.

가끔은 답이 없어 보이는 그 시간이 나를 더 깊이 성숙하게 합니다. 있는지 없는지도 모르는 정답을 찾으려 애쓰지 말고 방황의 시간에 잠시 머물러보는 것도 괜찮아요. 다만 마음속에 한 가지 질문을 품고서요. "내가 정말 가고 싶은 곳은 어디지?" 이 질문에 솔직하게 답하는 사이, 어느새 눈앞에 새로운 표지판이 나타날 거예요.

Day 32

머릿속이 복잡해지면 기준을 꺼내라

The more you think, the more tangled your heart becomes.
You don't have to follow every thought.
Return to the values and standards you set for yourself.

생각이 많아질수록 마음은 복잡해진다.
그 모든 생각을 다 따라갈 필요는 없다.
스스로가 정한 가치와 기준으로 돌아와라.

나아갈 방향을 잃으면 모든 생각들이 중요해집니다. 하나라도 놓치면 영영 길을 찾지 못할 것 같죠. 하지만 대부분은 그냥 흘려보내도 되는 것들입니다. 머릿속을 스치는 생각들에 매달리지 말고 이미 마음속에 새겼던 나의 기준과 가치를 떠올려봅시다.

나의 기준을 망각하면 다른 사람의 기준에 맞춰 자신을 휘두르게 됩니다. 다른 사람에게 중요한 가치를 따르다가 원래의 길에서 더 멀리 벗어나게 되기도 하고요. 어쩌면 돌이킬 수 없어질 수도 있죠. 나의 기준을 되찾으세요. 그것만 명확하다면 중심을 되찾는 건 시간 문제입니다.

Night 32

단편적인
감정에
매몰되지 말아요

Confusion isn't just a feeling.
It's a signal to reassess your way forward.
Don't get swept away by emotions; check your direction.

혼란스러움은 단순한 감정이 아닙니다.
나아갈 방향을 다시 점검하라는 신호예요.
감정에 휩싸이지 말고 방향을 점검해봐요.

혼란스러울 때 우리는 그로 인한 현상들에만 집중하게 됩니다. 괴롭고 불안하고 답답한 그런 상태들을 보느라 정작 혼란스러움 자체를 들여다보지 못해요. 지금 내가 느끼는 혼란스러움의 정체는 무엇인가요? 그 핵심에는 무언가를 하고 싶은 욕구가 있습니다. 그 욕구가 뜻대로 실현되지 않는 거예요.
감정에 휘둘리지 말고 방향을 점검해보세요. 지금 느끼는 혼란은 이를 위한 기회입니다. 올바른 방향을 찾으면 혼란은 저절로 사라집니다.

Day 33

당신의
길은
사라지지 않았다

Feeling lost is not the problem.
What's worse is losing sight of why you began.
Purpose brings back direction.

길을 잃은 느낌은 문제가 아니다.
왜 시작했는지를 잊는 것이 더 큰 문제다.
처음의 목적을 떠올리면 다시 방향이 보이기 시작한다.

길이 사라진 것이 아닙니다. 어쩌면 길을 잃은 것도 아닙니다. 단지 처음의 마음을 잊었기 때문입니다. 돌이켜보세요. 처음에는 분명히 나아갈 길이 보였을 겁니다. 시간이 흐르면서 그것이 옅어지고 흐려지는 걸 미처 알아채지 못한 것은 아닐까?
그럴 때 중심을 되찾는 가장 빠르고 간단한 방법은 처음 출발선에 섰을 때 무엇을 위해 어떤 마음을 먹었는지 떠올려보는 거예요. 그때의 다짐과 기대, 열정, 설렘은 흩어진 마음을 다시 정렬하는 기준이 됩니다. 방향을 멀리서 어렵게 찾을 필요는 없습니다. 누군가 알려주기를 기다릴 필요도 없습니다. 처음 목표, 처음 동기에서 다시 시작하면 됩니다.

Night 33

잠시 멈춰 제대로 쉬는 것도 중요해요

Rest isn't something you earn.
You have worth even when you're not doing something productive.
Being human is enough reason to take a break.

쉴 자격이 따로 있지 않습니다.
생산적인 일을 하지 않는 순간에도 당신은 가치 있어요.
사람이라는 사실만으로도 잠시 쉬어갈 이유는 충분합니다.

쉬고 있어도 불안할 때가 있죠. 아무것도 하지 않는 동안 계속 뒤처지는 것 같고, 꼭 게으른 사람이 된 것 같아요. 그러다 보면 휴식 자체만으로 죄책감을 느끼게 됩니다.

'쉰다'가 '일하지 않는다'가 아님을 인지해야 합니다. 제대로 쉬지 못하면 어떤 일도 오래 끌고 갈 수 없어요. 성장의 여정을 건강한 몸과 마음으로 나아가려면 '쉬는 나'를 먼저 받아들여야 합니다. '오늘은 이만큼 일해야 쉴 수 있어!' 같은 조건을 달지 말아요. 회복에 집중하고 충분히 휴식을 누려요. 그 시간이 나를 더 오래 지켜줄 겁니다.

Day 34

재정비와 포기를 구분하는 법

Stopping is not the same as giving up.
Pausing can protect what matters.
True strength comes from knowing how to rest.

멈춤은 포기와 다르다.
잠시 멈추는 것은 정말 중요한 것을 지켜주는 선택이 되기도 한다.
진짜 강함은 쉴 줄 아는 데서 나온다.

나를 잘 쉬게 하려면 일단 멈춰야 합니다. 그런데 멈추고 싶은 순간, 불안이 고개를 듭니다. '멈춘다'는 생각이 바로 '포기한다'로 연결되기 때문입니다. 하지만 지키기 위한 멈춤은 끝내기 위한 멈춤과 완전히 다릅니다. 재정비와 재충전을 하는 동안에도 우리는 성장합니다.

지칠 때까지 무작정 달리기만 하는 것과 잠시 쉬었다가 이전과 같은 속도로 다시 출발하는 것, 둘 중 무엇이 더 효율적일지는 굳이 따져보지 않아도 알 수 있습니다. 재정비와 포기를 구분할 수 있는 사람은 방향을 다잡아야 하는 단계를 놓치지 않아요. 그때 제대로 쉬며 다음을 대비하면 성장의 폭이 훌쩍 커집니다.

Night 34

더 나은
삶을 위한
경계선 긋기

When everything becomes work, you can't fully focus on anything.
Setting boundaries isn't about building walls, but about building bridges to a better life.
Draw the line before burnout draws it for you.

모든 게 일이 되어버리면, 어디에도 온전히 집중할 수 없습니다.
경계를 만드는 건 벽을 쌓는 게 아니라, 더 나은 삶을 위한 다리를 놓는 일이에요.
번아웃이 강제로 경계선을 긋기 전에, 스스로 경계를 만들어야 합니다.

일이 끝나도 계속 머릿속이 일로 가득하지 않나요? 집에서 쉴 때에도 메신저를 틈틈이 확인하고, 산책 중에도 다음 회의 주제를 고민하고, 잠들기 직전까지 내일의 업무를 계획하고 있지 않나요? 이런 하루하루는 흐릿하고 불분명합니다.

흔히 '시간 관리'의 중요성을 말하지만 그보다 더 필요한 것은 '에너지 관리'예요. 스스로 일과 일상을 구분하지 않으면 정작 에너지를 쏟아야 할 때 집중할 수 없죠. 일과 일상 사이에 경계선을 긋는 것은 일을 더 열심히 하지 않겠다는 선언이 아닙니다. 일을 덜 사랑하겠다는 다짐도 아니고요. 오롯이 나의 삶을 건강하게 만들고, 일을 더 잘하기 위한 선택입니다.

Day 35

길을 모르겠다면 움직이며 만들어라

Clarity comes from action.
The path won't appear just by waiting.
The way is found as you move.

명확함은 행동에서 나온다.
가만히 기다린다고 길이 보이지 않는다.
움직여야 길을 발견할 수 있다.

어디로 가야 할지 모르겠을 때 우리는 자주 멈춰 생각합니다. 어떤 선택이 옳은지, 이 길은 괜찮을지 깊게 고민하는 동안 두려움도 같이 커집니다. 오래 멈춰 있을수록 다시 출발하기가 쉽지 않은 이유입니다.
명확한 길을 알 수 있어야만 움직이는 것은 퇴보하는 것과 같습니다. 우선 움직여야 다음 이정표가 보입니다. 무엇이든 일단 해봐야 그것이 나에게 적합한지 아닌지 알 수 있죠. 완벽한 준비는 불가능하지만, 행동하는 사람은 조금씩 더 준비되어갑니다. 작은 실행이 흐름을 만들고, 흐름은 방향을 만듭니다.

Night 35

지도가 없어도 나아가야 하는 이유

You don't need a map that shows the whole picture.
Take one step and let the path reveal itself.
Change begins with a step forward.

전체를 볼 수 있는 지도가 반드시 있어야 하는 건 아니에요.
한 걸음 내딛으면 그때 다음의 경로가 눈앞에 나타나기도 해요.
변화는 행동과 함께 시작됩니다.

다음 나아갈 길이 보이지 않을 때 당장 들여다볼 지도가 없다면 어떻게 해야 할까요? 대부분은 그 자리에 가만히 선 채 왔던 길을 돌이켜보고, 다음 경로를 추측하고, 확실히 맞는 길을 찾으려고 고민합니다. 괜히 확신 없이 나섰다가 되돌아거나 엉뚱한 곳으로 빠지고 싶지 않기 때문이에요.

그런데 과연 그럴까요? 고민할 시간에 선택한 방향이 운 좋게 맞는 길일 수도 있고, 좀 돌아가긴 했지만 뜻밖에 좋은 풍경을 만나게 될지도 모릅니다. 원래의 길을 벗어났지만 친절한 안내자를 만날 수도 있고요. 머릿속만 복잡해지는 시간은 마음만 불안하게 만듭니다. 길은 내가 움직이면서 그려가면 돼요.

Your Time to Grow
나를 깊고 넓게 알아가는 질문

1 방향을 잃어버린 것 같을 때 자주 떠오르는 말은 무엇인가요?

예시) "지금까지 한 노력이 아무 의미 없는 것 같아.", "어디로 가야 할까?".

2 지금 나를 가장 혼란스럽게 만드는 것 무엇일까요?

예시) 계속 이 길로 가도 될지 알 수 없다는 불안, 생각지 못한 변수.

3 아주 조금이라도 '앞으로 가고 있다'고 느껴지는 순간은 언제인가요?

예시) 고민하던 것을 작게라도 실천했을 때, 포기하지 않고 나의 루틴을 지켜나갈 때.

성장하는 나를 위한 문장 완성

① 나는 지금 _____

_____ (이)가 가장 혼란스럽다.

② 그래도 내 안에는 _____

_____ (이)라는 힘이 있다.

③ 작지만 분명히 내가 나아가는 순간은 _____

_____ 할 때다.

Chapter 8

자꾸 서두르거나
뒤돌아보게 될 때

Day 36

성장은 속도만으로 이뤄지지 않는다

You don't need to speed up.
You need to create and keep your own rhythm.
Real growth arises from steadiness.

속도를 올릴 필요는 없다.
당신만의 리듬을 만들고 지켜야 한다.
진짜 성장은 꾸준함에서 온다.

불안할수록 조급해지고, 조급해지면 우리는 속도부터 높이려고 합니다. 뒤처지는 것이 너무나 두려우니까요. 그렇게 무리해서 빨리 달리면 허둥거리고, 지치고, 결국 멈추게 됩니다. 이를 반복할수록 자신을 탓하게 되죠.

그럴 땐 나의 호흡에 집중하세요. 언제 숨이 가빠지는지, 언제 심박수가 떨어지는지 세심하게 살피면서 속도를 조절하면 나만의 리듬을 지킬 수 있습니다. 꾸준한 리듬은 오히려 속도를 높입니다. 다른 사람을 따라잡으려 노력하는 대신, 내가 오래도록 멀리 갈 수 있는 방법을 찾아요.

Night 36

나만의
타임라인으로
성실하게

Rushing comes from forgetting whose timeline you're on.
You don't have to match their pace.
You just have to trust your own.

조급함은 내가 누구의 시간표를 따르고 있는지 헷갈릴 때 들이닥칩니다.
다른 사람의 속도에 맞추지 않아도 돼요.
그냥 나는 나의 흐름대로 믿고 나아가면 됩니다.

사람들은 종종 다른 사람의 기준을 내 것으로 착각합니다. 이 시점에 있어야 할 자리, 지금의 나이에 해내야 한다고 기대되는 성과, 최소한 이 정도는 해야 한다는 한계 등등. 그런데 잠깐 생각해봐요. 그 기준들 중에 내가 정한 것이 얼마나 되나요? 누군가에게 들었거나 배운 것은 아닌가요?

성장에는 '보편적인 기준'이 없습니다. 다른 사람의 시간표를 따라 움직일 필요는 없어요. 정해진 시간표대로 수업을 들어야 하는 학교가 아니잖아요. 성장의 시간은 오롯이 나의 것임을 잊지 마세요. 나는 나대로 페이스를 지켜나가면 됩니다.

Day 37

오늘의 편안함을 딛고 내일로 나아가라

Comfort can expire.
What feels safe today may hold you back tomorrow.
Real safety comes from your ability to move forward.

지금의 편안함은 영원할 수 없다.
오늘의 안전이 내일의 가능성을 가로막을 수도 있다.
진정한 안전은 언제든 앞으로 나아갈 수 있는 힘에서 비롯된다.

익숙함과 안전함은 서로 혼동하기 쉽습니다. 적당히 편안하고 즐거운 상황에 이르면 그 상태가 영원하길 바랍니다. 익숙한 편안함이 앞으로도 계속 내 곁에 있을 것이라고 믿으면서요.
하지만 나를 둘러싼 환경은 계속 변합니다. 시장에는 매일같이 새로운 제품들이 쏟아지고, 주가 그래프는 하루가 다르게 요동치고, 오래된 직업이 당장 내일 사라지기도 합니다. 그런 와중에도 과연 익숙한 것이 안전할까요?

Night 37

안정과 성장, 두 가지 갈망 사이에서

Wanting stability doesn't make you weak.
Wanting more doesn't make you selfish.
You're just standing between two truths in your heart.

안정을 바란다고 약한 건 아니에요.
더 나아가고 싶다고 이기적인 것도 아니고요.
그냥 지금은 두 가지 진심 사이에 서 있을 뿐이에요.

외부와의 갈등만큼이나 내면의 갈등도 다뤄내기 쉽지 않죠. 잠시 쉬고 싶은 마음과 멈추면 안 될 것 같은 마음은 종종 부딪히며 나를 힘들게 합니다. 한쪽은 나를 지키는 마음, 다른 한쪽은 나를 북돋우는 마음이죠. 어느 한 편으로 기울기가 어렵습니다.
두 가지 마음이 서로 부딪히고 있는 것이 아니라 균형을 찾고 있다고 생각하면 어떨까요? 안정과 성장 사이의 갈등은 어느 하나를 선택하고 다른 하나를 버리는 종류의 문제가 아닙니다. 상황 혹은 환경에 따라 조금씩 조정하면서 균형을 이뤄야 하는 문제예요. 이를 깊이 있게 살피면서 지금의 나에게 더 적절한 마음에 조금 더 공간을 내어주는 연습을 해보세요.

Day 38

불안을
다스리려면
더 치밀하게 준비하라

Feeling anxious isn't a sign to quit.
It means you need better preparation.
Better preparation lessens anxiety and builds
stronger action.

불안함은 멈추라는 신호가 아니다.
더 철저히 준비하라는 뜻이다.
준비가 될수록 불안감은 줄어들고 실행력은 강해진다.

도전 앞에서 불안하지 않은 사람은 없습니다. 대단한 배경을 가진 사람도, 뛰어난 능력을 가진 사람도, '맨땅에 헤딩' 중인 사람도 처음 가보는 길 앞에서는 모두 불안합니다. 차이는 불안을 어떻게 다루느냐에서 벌어집니다. 불안을 외면하거나 없애기에 급급한 사람은 결국 도전을 피하게 됩니다. 그럼 당장의 불안은 사라지겠지만 앞으로 나아갈 수 없죠. 그 반대편에는 불안을 출발 신호로 받아들이는 사람이 있습니다. 불안이 느껴지면 더욱 철저히 준비해서 박차고 나갈 자세를 잡습니다. 실행력은 불안을 도구 삼아 만들어집니다.

Night 38

불안을
외면하지도,
불안과 싸우지도 말고

There's no need to battle your anxiety.
Listen to what that feeling is telling you.
As clarity comes, fear fades.

불안한 감정과 꼭 싸울 필요는 없어요.
그 감정이 나에게 말하고 싶어 하는 걸 들어보세요.
명확해질 때 두려움은 줄어들어요.

불안은 회피하거나 덮고 넘어가는 방식으로는 없어지지 않아요. 그럴수록 더 크게 불어나기도 하고요. 불안과 싸우는 것도 좋은 방법은 아니에요. 불안할 때마다 매번 그것을 이기려든다면 금방 지치고 말 테니까요. 그렇다면 우리는 불안을 어떻게 대해야 할까요?

불안은 감정이자 정보입니다. '지금 평소와 다른 일이 벌어지고 있다'라거나 '다음을 예상하기가 어렵다' 같은 메시지를 전하죠. 그 정보를 파고들면 지금 내가 무엇을 해야 하는지 알 수 있어요. 불안을 밀어내지 마세요. 불안과 싸우지도 말고요. 그 안의 정보를 하나씩 열어서 다뤄내면 됩니다. 도전이 기듭될수록 이런 습관이 아주 유용힐 거에요.

Day 39

멈추면
안 될 것 같아
쉬지 못하고 있다면

Rest isn't a reward, it's a requirement.
When stopping makes you anxious, it's a sign you've gone a long way.
Rest needs no permission, just like breathing.

쉼은 보상이 아니라 필요조건이다.
멈추는 게 불안하다면, 이미 너무 멀리 온 것이다.
휴식에는 허락이 필요하지 않다.
숨 쉬는 데 허락을 구하지 않아도 되는 것처럼.

몸은 완전히 지쳤는데, 멈추면 안 될 것 같을 때가 있습니다. 쉴 수 있는 기회가 생겨도 당장 하지 않아도 되는 다음 과제를 고민합니다. 어쩌면 우리는 '쉼'을 게으름이나 무책임함 같은 개념으로 잘못 인식하고 있는 게 아닐까요?

멈춤보다 멈출 수 없다는 믿음이 훨씬 위험합니다. 휴식이 필요하다고 스스로 자각했을 때는 과감히 쉬어줘야 합니다. 그러지 않고 무시한다면 머지않아 원하지 않아도 멈추게 될 겁니다.

Night 39

감정은
순간의
신호일 뿐이에요

Feelings cannot define my growth.
They're only a signal to pause and listen.
The next step forward is mine to choose.

감정으로는 나의 성장을 정의할 수 없어요.
잠시 멈춰서 귀 기울이라는 신호일 뿐이에요.
다음 방향은 내가 선택하는 거예요.

이상하게 아무것도 하고 싶지 않은 날이 있습니다. 별것 아닌 말에 마음이 뒤숭숭하고, 집으로 돌아가는 길에 울컥하기도 하는 그런 날 말이에요. 스스로 약해진 것 같아 불안하고 지금껏 해온 일들이 헛수고로 돌아가는 것은 아닐까 걱정됩니다.
하지만 감정은 기준이 되기엔 너무 불안정합니다. 시시때때로 바뀔 수 있고 작은 일에 큰 영향을 받기도 하니까요. 감정은 그저 '지금은 나를 들여다봐야 해'라는 신호입니다. 평소와 다른 감정에 힘겨울 때는 잠시 멈춰서 그 속의 이야기에 귀 기울이세요. 그 감정의 중심에 무엇이 있는지 확인하세요. 그렇게 나를 다독인 다음 다시 나아가면 됩니다.

Day 40

멀리 돌아갈 때 얻을 수 있는 것

Taking longer isn't doing it wrong.
Sometimes, you gain more by taking the long way around.
You choose how to use that time.

시간이 좀 더 걸린다고 잘못되었다는 뜻은 아니다.
때로는 돌아가는 길에서 더 많은 걸 얻기도 한다.
그 시간을 어떻게 채울지는 당신의 선택에 달린 것이다.

함께 출발한 사람들과 달리 나만 제자리를 맴도는 것 같나요? 남들은 쉽게 가는 길을 나 혼자 빙글빙글 한참을 돌아가는 기분인가요? 그래서 마음이 불안한가요?
질문을 바꿔봅시다. 시간이 좀 더 걸리는 것이 잘못된 걸까요? 포기하지 않고 묵묵히 나아가는 시간은 결코 헛되지 않습니다. 목적지가 같다고 가는 길도 같은 건 아니에요. 내가 '돌아가고 있다'라고 여기는 길에서 끈기와 판단력, 평정심과 위기 대응력이 쌓이고 있습니다. 최단 거리의 직선 코스만 달린 사람들이 겪지 못한 일들을 온몸으로 부딪혀 얻은 결과입니다. 그것이 나중에 얼마나 큰 자산이 될까요? 상상하는 것만으로도 뿌듯한 일입니다.

Night 40

조금 천천히
보내는 하루도
괜찮아요

Slowing down isn't falling behind.
Losing speed doesn't mean losing direction.
Finding your pace is more important than keeping up.

잠시 천천히 간다고 낙오되는 건 아니에요.
속도가 떨어진다고 방향을 잃는 건 아니거든요.
누군가를 따라잡는 것보다 나만의 페이스를 찾는 게 더 중요해요.

내가 기대한 것보다 속도가 나지 않으면 당황스럽습니다. 다른 사람들은 내게는 없는 무언가를 가지고 있어서 나보다 빠른 것이 아닐까 불안하고 조급해지기도 해요. 계속 추월당하는 기분이 유쾌할 리 없습니다.

지금 조금 더 빨리 가는 것이 얼마나 효과가 있을까요? 목적지에 도착할 때까지 그 속도를 지킬 수 있을까요? 다음 고비를 맞닥뜨리면 어떻게 될까요? 전체 여정을 완주하려면 속도를 조절하는 능력도 갖춰야 합니다. 스스로 감당할 수 있을 수준으로만 달리는 것이 핵심이죠. 성장은 속도전이 아닙니다. 잠시 속도를 줄이고 심호흡하는 여유를 가져봐요.

Your Time to Grow

나를 깊고 넓게 알아가는 질문

1 내가 뒤처졌다고 느낄 때 주로 어떤 행동을 하나요?

예시) 다른 사람들의 SNS 구경하기. 루틴 바꾸기, 무리해서 새로운 일 시작하기, 무기력에 빠져서 아무것도 하지 않기.

2 나를 믿고 응원해주는 따뜻한 내면의 목소리가 들려옵니다. 내게 어떤 말을 할까요?

예시) "넌 잘할 거야", "이미 충분히 잘 해왔어", "너의 선택을 믿어".

3 지금 누군가가 '넌 잘하고 있어'라고 말해준다면, 나는 어떤 행동부터 하고 싶어질까요?

예시) 하던 일을 잘 마무리하기, 건강 챙기기, 새로운 공부 시작하기.

성장하는 나를 위한 문장 완성

1 겉으로는 별 차이가 없어 보여도, 요즘 나는 _____

_____ (을)를 하며 달라지고 있다.

2 지금 나에게 가장 필요한 말은 _____

_____ (이)다.

Chapter 9

문득 혼자인 것 같아 쓸쓸할 때

Day 41

성장하는
사람이
외로운 이유

That sense of loneliness is a sign you're ahead of others.
Not because you're wrong.
Pioneers must walk alone for a while until others catch up.

외로워지는 건 당신이 앞서가고 있기 때문이다.
당신이 틀렸기 때문이 아니다.
앞서 걷는 사람은 뒷사람들이 따라잡을 때까지 잠시 혼자 걷기 마련이다.

성장하는 사람은 때때로 깊은 외로움에 빠집니다. 예전에 많은 이야기를 나누던 사람들과 점점 대화의 결이 맞지 않고, 기쁨이나 슬픔을 공유할 사람들도 갈수록 줄어듭니다. 그럴 때면 혹시나 내가 뭘 잘못하고 있는 건 아닌지 자신을 돌아보게 됩니다.
하지만 이 외로움은 나만의 길을 열어가는 사람에게 피할 수 없는 과정입니다. 가장 앞서가고 있으니 혼자일 수밖에요. 그렇다고 멈춰서는 안 됩니다. 그저 하던 대로 꾸준히 걷다 보면 곧 뒤따라온 누군가를 만나게 될 거예요. 그 만남에 대한 기대를 가지고 나아간다면 지금의 외로움이 너무 힘들지는 않을 겁니다.

Night 41

어떤 확신은 지극히 개인적이라서

You don't need to be understood by everyone.
It's enough if you are certain within yourself.
Some convictions can be private.

모두에게 이해받지 않아도 돼요.
스스로 분명하다면 그걸로 충분해요.
어떤 확신은 사적인 것일 수 있거든요.

가끔은 아무도 나의 선택을 이해하지 못할 것 같을 때가 있어요. 아무리 설명하고 설득해도 소용이 없죠. 나만 이상한 사람이 된 것 같은 기분은 지독한 외로움으로 이어집니다. 이를 견딜 수 없어 나의 선택을 포기하고 다른 사람들의 선택을 따라가기도 해요. 하지만 사람들이 이해하지 못하는 길이 무조건 잘못된 길은 아닙니다. 나는 그 길을 나아가기 위해 수없이 고민하며 목적지까지의 큰 그림을 그려놓았잖아요. 그 그림을 다른 사람들은 보지 못할 뿐입니다. 어쩌면 타인의 시선이나 기대에 휘둘리지 않고 내가 진짜 원하는 방향으로 갈 수 있는 기회일지도 몰라요. 어떤 확신은 아주 개인적이라 공유할 수 없습니다

고여 있는 관계는 과감히 털어내라

I am growing beyond the version of me that people once knew.
Not everyone will like new me.
That's their problem, not a problem with my growth.

사람들이 알던 내 모습을 뛰어넘어 성장 중이다.
모두가 성장한 나를 반기지는 않을 것이다.
그건 그들의 문제일 뿐, 내 성장의 문제는 아니다.

달라진 나를 바라보는 주변의 시선이 늘 따뜻하지는 않습니다. 누군가는 나를 낯설어 하고, 누군가는 섭섭함을 드러내겠죠. 칭찬인지 핀잔인지 알 수 없는 모호한 말들은 마음속을 맴돌며 나를 외롭게 합니다. 하지만 그런 말에 너무 오래 붙잡혀 있을 필요는 없습니다.

우리는 성장하는 사람들입니다. 과거의 모습으로만 유지되는 관계는 앞으로 함께 나아갈 수 없어요. 고여 있는 관계는 나에게도 상대에게도 악영향을 줍니다. 더 나은 나를 위해 어떤 관계를 과감히 털어내는 것이 더 좋을 때가 있어요.

Night 42

늘 누군가와 함께일 수는 없어요

Loneliness doesn't mean you've gone off course.
Sometimes loneliness means you're breaking out of an old mold.
Not every step will be taken with someone, and that's okay.

외롭다고 해서 길을 벗어난 건 아니에요.
때때로 외로움은 예전의 틀을 벗어나고 있음을 의미합니다.
모든 걸음을 누군가와 함께할 수는 없고, 그것도 괜찮아요.

유난히 짙은 외로움이 해일처럼 밀려드는 날이 있습니다. 어느 곳에도 안착하지 못하고 붕 떠 있는 기분, 예전에는 편안했던 곳이 나를 밀어내는 기분, 자주 만나던 사람들이 나에게 해로운 것 같은 기분…. 그런 기분들이 나를 가득 채우면 외로움과 함께 불안도 찾아옵니다.

조금 냉정한 이야기일 수도 있겠지만, 언제나 누군가와 함께일 수는 없습니다. 혼자일 수밖에 없는 순간들이 분명히 있어요. 그 시간을 의연하게 받아들이고 소화해내는 것, 그것도 성장의 일부입니다.

Day 43

나를 망치는 '습관성 괜찮음' 버리기

Saying "I'm okay" can sometimes be a habit rather than the truth.
You don't have to be okay all the time.
Honesty creates deeper connections than pretending to be okay.

"괜찮아"라는 말은 진심이 아닌 습관일 수 있다.
때로는 괜찮지 않아도 된다.
괜찮은 척보다 솔직함이 더 깊은 연결을 만든다.

말로는 "괜찮다"라고 했지만 속으로는 무너지는 순간들이 있습니다. 상대를 배려하기 위해 내 감정을 누르고, 상처받지 않으려고 아무렇지 않은 척 꾸며냅니다. 이런 위장이 반복되면 습관이 됩니다.

지금은 내가 감정을 누르고 있는 것 같지만 시간이 지나면 감정이 나를 누르는 때가 올 겁니다. 그땐 이미 돌이킬 수 없어요. 괜찮지 않을 때 괜찮지 않다고 말하는 용기는 건강하고 이롭습니다. 관계가 깨질까봐 두려워하고 걱정하는 것보다 훨씬 더요. 솔직함은 성숙하고 발전된 연결의 시작입니다.

Night 43

변했다는 말에 무작정 사과하지 마세요

When people say you've changed, ask yourself.
"Did I grow or did I shrink?"
Growth is nothing to be sorry for.

사람들이 당신이 변했다고 말할 때, 스스로에게 물어보세요.

"성장한 걸까? 그 반대일까?"

성장은 미안해할 일이 아니에요.

이상하게도, 관계에 있어서만큼은 '변했다'라는 말이 부정적으로 다가오는 경우가 많습니다. 그래서인지 가까운 사람에게서 그런 말을 들으면 덜컥 겁이 나요. 지금의 관계가 어긋나게 될까 걱정하며 부랴부랴 사과부터 건넵니다.
미안해하기 전에 잠깐 생각해봐요. 변화가 늘 나쁜 걸까요? 나의 성장이 관계에 해로울까요? 혹시 내가 앞으로 나아가고 있음을 사과하고 있지는 않나요? 내 성장의 속도와 방향은 나의 것이고, 나와 가까운 사람이라고 해서 그것을 억지로 맞출 수는 없어요. 사과보다는 설명을 전하세요. 타협이 아닌 이해를 구하면 돼요.

Day 44

지금,
자기 확신을
배우는 중입니다

Not everyone will understand you.
That's why your 'reason' must be clear.
You don't need approval to keep going.

모두가 당신을 이해하지 못할 것이다.
그래서 당신의 '이유'가 더욱 분명해야 한다.
계속 나아가는 데 타인의 허락은 필요하지 않다.

성장의 과정에서 느끼는 혼란 중 하나는 이해받지 못하는 순간이 갈수록 빈번해진다는 겁니다. "왜 그렇게까지 해?" "그 정도면 충분하지 않아?" "그게 될 거라고 생각해?" 내가 더 나아가려 할수록 나를 멈춰 세우는 말들이 더 많이 따라옵니다.
사람들의 동의나 공감, 이해를 얻는 것보다 중요한 것은 내가 이 길을 선택한 이유를 스스로 명확하게 인지하는 겁니다. 성장의 길에서 외로워진다면 기억하세요. 당신은 지금 '자기 확신'을 열심히 훈련하는 중이라는 것을요. 그 훈련은 당신이 원하는 모습이 되도록 이끌어줍니다.

Night 44

달라진 나, 달라진 관계

Growth can create distance.
Sometimes that distance feels like drifting apart.
But distance doesn't always mean disconnection.

성장은 간격을 만들기도 합니다.
때로는 그 간격이 벌어지는 듯한 느낌을 줍니다.
그러나 그 거리가 단절을 의미하는 건 아니에요.

친한 사이여도 성장하는 속도는 같지 않을 수 있어요. 그러다 보면 조금씩 관계의 거리가 벌어지는 것이 느껴지기도 합니다. 예전만큼 자주 연락하지 않거나, 대화가 오래 지속되지 않거나, 만나도 어쩐지 심심한 날들이 거듭될수록 그 간격이 더욱 명확해집니다. 하지만 그렇다고 해서 그 관계가 끝나버린 건 아니에요. 조금 멀어지긴 했어도 여전히 좋은 관계라면 당장 그 관계를 다시 정의하려 하지 말고 적응의 시간을 가져보세요. 서로를 이해하려고 충분히 노력하는 건 지금까지 함께한 시간에 대한 존중이기도 합니다.

Day 45

나의 성장은
누군가의
영감이 된다

You are not alone just because you feel alone.
Your growth is building something others will one day understand.
Someone is watching you grow.

외롭다고 해서 진짜 혼자인 건 아니다.
당신의 성장은 언젠가 누군가에게 영감이 될 것이다.
지금도 누군가는 당신의 성장을 지켜보고 있다.

어떤 성장의 길은 외롭습니다. 인정도 박수도 없이 오롯이 혼자 견뎌내야 하죠. 그럴 때는 이 길이 맞는지, 내 선택이 옳았는지 스스로를 향한 의심이 커져갑니다.
그러나 당신은 혼자가 아닙니다. 당장 보이지 않지만 당신처럼 그 길을 걷고 있는 많은 사람들이 있어요. 멈추지 않고 나아가는 당신의 걸음은 누군가에겐 기준이자 영감이 됩니다. 그들은 당신과 연결되길 기다리고 있습니다. 오늘의 외로움이 내일의 연결을 만듭니다. 계속 전진하세요.

Night 45

무의미한 외로움은 없어요

Your silent efforts are touching someone deeply.
You don't have to be seen to make a difference.
A change doesn't lose its value just because it's unseen.

당신의 조용한 노력은 누군가에게 깊은 울림이 되고 있어요.
모든 변화가 눈에 보여야 의미 있는 건 아니에요.
변화는 단지 보이지 않는다고 해서 그 가치를 잃지 않아요.

세상에는 소리 없이 누군가를 바꾸는 움직임도 있습니다. 나의 성장이 그렇죠. 화려하고 웅장하진 않지만 외로움을 이겨내고 성실하게 지나온 시간의 힘은 묵직하게 변화를 이끕니다. 그 용기와 끈기가 누군가에게 깊은 울림을 줍니다.
영향력은 꼭 대단한 성과에만 있는 것이 아닙니다. 나의 노력이 은은한 빛을 내며 비추는 길을 따라 덜 어렵고 덜 외롭게 걷는 사람을 떠올리세요. 든든하고도 뿌듯해서 발걸음이 제법 가벼워질 거예요.

Your Time to Grow

나를 깊고 넓게 알아가는 질문

1 최근 혼자라고 느껴질 때가 있었나요? 언제였나요?

예시) 누구에게도 내 마음을 말할 수 없을 때, 퇴근길에 친구에게 연락하려던 걸 그만두었을 때.

2 그 순간 나에게 필요했던 것은 무엇이었을까요?

예시) '힘들었겠다'라는 한 마디, 안부를 묻는 메시지.

3 오롯이 나 혼자 누리는, 마음이 가장 편안한 시간이 있나요?

예시) 편안한 음악을 틀어놓고 좋아하는 책을 읽을 때, 해 질 무렵 집 앞 공원을 산책할 때.

성장하는 나를 위한 문장 완성

1 외로움이 찾아올 때, 나는 스스로에게 _____
_____ (이)라고 말해줄 것이다.

Chapter 10

재미도 열정도
희미해질 때

Day 46

무기력에 이름 붙이기

Being tired is not the same as being lazy.
You might be carrying invisible weight.
Identify what trully wears you out.

피곤한 것과 게으른 건 다르다.
당신이 보이지 않는 짐을 지고 있을 수도 있다.
정말로 당신을 지치게 하는 것에 이름을 붙여보자.

무기력이 찾아오면 자책하기 시작합니다. '할 일이 쌓여 있는데 나는 왜 이렇게 게으른 거야!' 하고 말이죠. 그런데, 나를 짓누르는 것이 정말 '할 일'인가요? 어쩌면 내 어깨 위에 놓은 것은 과제가 아닌 감정일지도 모릅니다. 나를 지켜보는 사람들의 기대, 끝이 없는 책임, 스스로를 향한 의심과 불안 같은 것들요.

무기력함에 아무것도 하고 싶지 않을 때, 나를 둘러싼 불필요한 것들을 하나씩 짚어보세요. 무엇이 나를 지치게 하는지 이름을 붙이는 겁니다. 그렇게 구체화하는 동안 무기력의 정체가 분명해지고, 그 안에서 빠져나올 길이 보입니다.

Night 46

지루한 게 아니라 소모된 것이라면

Losing interest doesn't mean you should stop.
At times, what feels like boredom is actually mental exhaustion.
Rest first, then decide.

흥미가 사라졌다고 해서 꼭 그만둬야 하는 건 아니에요.
때로는 지루한 게 아니라, 정신적으로 벅찬 상태일 수 있어요.
우선 쉬고 난 다음에 결정하세요.

🌙

한때 가슴을 뛰게 하던 일에 어느 순간부터 무감각해졌나요? 더 이상 재미가 없고, 계속한다고 무슨 의미가 있을지 모르겠나요? 이제 그만 내려놓고 싶은가요?

그럴 수 있습니다. 하지만 그 마음을 '끝낼 신호'로 오해하지 마세요. 과몰입과 피로 속에서 감정이 포화된 상태일 수도 있고, 기대만큼의 성과가 돌아오지 않아 실망감이 누적된 것일 수도 있어요. 그럴 때는 당장의 결정을 내리기보다 내면을 정리하는 것이 먼저입니다. 정말 그만두고 싶은지, 아니면 여전히 계속하고 싶지만 나를 힘들게 하는 뭔가가 있는지 구분해야 합니다.

Day 47

왜 시작했는지 되짚어 떠올려라

When motivation runs low, meaning takes over with power.
Don't just think about what you're doing—remember why you started.
Your 'why' is far stronger than any temporary 'how.'

더 이상 동기 부여가 되지 않을 때, 의미가 힘을 발휘한다.
지금 하고 있는 일만 생각하지 말고, 왜 시작했는지 떠올려라.
당신의 '이유'는 일시적인 '방법'보다 훨씬 강력하다.

처음 출발할 때의 추진력과 실행력이 어디로 간 것인지 도무지 알 수 없는 때가 있습니다. 심지어 그런 순간이 점점 많아지기도 하고요. 환경과 조건은 모두 그대로인데 어쩐지 몸과 마음이 늘어집니다.
그럴 때는 내가 그 길을 통해 얻고자 했던 의미를 다시 떠올려야 합니다. 잘 풀리지 않는 일을 억지로 시도하며 끌고 가는 것에는 한계가 있습니다. '나는 왜 이 일을 시작했을까?' '나는 어떤 가치를 원했지?' 스스로 질문하고 답을 찾아요. 그 과정에서 내가 추구하는 의미와 다시 연결될 수 있습니다.

Night 47

열정의
흐름을
따라가요

Passion has seasons too.
Winter doesn't mean the tree is dead.
Sometimes you need to rest before you
bloom again.

열정에도 계절이 있어요.
겨울이라고 해서 나무가 죽은 건 아니죠.
다시 꽃을 피우기 위해 때로는 휴식이 필요해요.

'처음과 달리 성장의 길에 아무런 감흥이 없습니다. 그냥 지금껏 해왔으니까, 관성적으로 나아가는 기분이 들어요. 열정이 바닥났고, 이제 멈춰야 할 것만 같아요.'

이런 말은 열정을 오해하는 거예요. 열정은 순간의 감정이 아닌 에너지의 흐름입니다. 잠시 느슨해지는 구간이 있는가 하면 다시 불타오르는 구간도 있어요. 이런 흐름이 없으면 열정은 지속될 수 없습니다.

지금의 무기력함은 열정의 자연스러운 흐름일지 몰라요. 뜨겁지 않다고 완전히 불씨가 사라진 건 아닙니다. 조금 쉬면서 기다려봐요. 식은 줄 알았던 마음이 다른 방식으로 되살아나기도 한답니다.

Day 48

반복은 우리를 섬세하게 성장시킨다

Repetition is not my enemy.
Depth is built through repetition.
Look at what's changing within you, not just around you.

반복은 나의 적이 아니다.
깊이는 반복을 통해 쌓인다.
주변의 변화만 살피지 말고 내 안의 변화를 살펴야 한다.

우리는 성장을 위해 저마다의 루틴을 만들고 실천해왔습니다. 그런데 매일 똑같은 일을 반복하다 보면 한 번은 정체기가 찾아옵니다. 성장이 멈춘 것 같은 느낌에 집중력과 흥미가 떨어지고 속도도 느려집니다.

반복이란 원래 그렇습니다. 익숙하지만 신선하진 않죠. 그럼에도 성장에 반복이 필수인 이유는 그 익숙함 속에서 깊이를 더해주기 때문입니다. 목표를 향해 나아가는 여정을 섬세하게 살피고, 예상치 못한 변수도 능숙하게 다뤄내는 능력은 끊임없는 반복에서만 얻을 수 있습니다. 새로운 자극만 따라가고 싶을 때는 반복해온 동안 내가 얼마나 달라졌는지 뒤돌아보세요. 생각보다 많은 변화가 이미 일어났을 겁니다.

Night 48

의미 없는
루틴이
지겨울 때에는

When intention is lost, repetition dulls us.
Doing without feeling slowly drains you.
Routine needs meaning to survive.

의도가 사라진 반복은 우리를 무디게 만들어요.
감정 없이 하는 행동은 사람을 조금씩 소진시키죠.
루틴이 오래 살아남기 위해서는 의미가 필요해요.

설렘과 열정으로 시작한 일들이 반복되며 평범한 일상의 일부가 되면, 처음의 감정들은 조금씩 희미해집니다. 분명 습관은 남았고 형식도 그대로인데 의욕이 메마르니 스스로도 답답하고 속상할 거예요.
이런 무뎌짐을 그만둘 핑계로 삼지는 마세요. 무엇이 나를 움직이게 했는지 초심으로 돌아가봐요. 내가 이 길의 출발선에 섰던 순간에는 무엇을 원했고, 무엇을 하려고 했나요? 그 의미를 다시 발견한다면 반복되는 일상이 더 이상 지루하지만은 않을 거예요. 나의 루틴에 의미를 되찾아주세요.

Day 49

포기하고 싶은 순간이 성장의 문턱이다

The urge to quit doesn't mean the end.
It's the verge of your next breakthrough.
This is where real change begins.

포기하고 싶어졌다고 해서 끝난 것은 아니다.
그 순간이 돌파구의 시작이다.
바로 여기에서 진짜 변화가 시작된다.

어느덧 성장의 길도 제법 걸어왔습니다. 변화에 익숙해지고 보니 좀 더뎌진 것도 같습니다. 이때를 주의해야 합니다. 지치고 권태로울 때 장애물이 튀어나오면 나의 내면에서 불쑥, '꽤 온 것 같은데 그만해도 되지 않나?'라는 생각이 솟아오르기 때문입니다.
웬만큼 성장을 이룬 사람에게 포기는 무척 유혹적입니다. 포기하고 싶은 마음은 가장 숨이 차고 지루한 순간에 고개를 듭니다. 하지만 이는 성장을 멈추는 함정이 아니라 한 번 더 크게 뛰어오를 수 있는 디딤돌입니다. 다 그만두고 싶어지면 그 마음을 뒤집으세요. '더 멀리 나아갈 수 있는 시점이 왔다!'라고요. 이전과는 다른 차원의 변화를 경험하게 될 겁니다.

Night 49

내면의
작은 불꽃을
들여다봐요

You don't have to feel the same passion every single day.
Some days, simply bringing it to mind is enough.
Even a quiet purpose holds enough power.

매일 같은 열정을 느끼지 않아도 괜찮아요.
어떤 날은 그저 그것을 떠올리는 것만으로도 충분해요.
조용한 목적도 충분한 힘을 가지고 있거든요.

성장의 동력이 예전 같지 않을 때, 우리는 처음을 돌이켜보며 다시금 의욕을 되살립니다. 그런데 어떤 날에는 그 방법이 통하지 않기도 해요. 그때의 열정이 어디로 간 건지, 지금의 나로서는 상상이 되질 않습니다.

'처음을 돌이켜보라'라는 주문이 '처음만큼의 열정을 끌어올려라'를 의미하지는 않습니다. 그럴 필요도 없고요. 이미 변화와 성장을 겪어본 나에게는 크고 강렬한 열정이 아니어도 충분합니다. 그냥 그때의 나를 잠시 떠올려보는 것만으로도 위안이 되고, 다시 나아갈 힘을 얻어요. 지난 경험이 내면에 축적되어 처음보다는 쉽게 갈 수 있습니다. 시작할 때처럼 활활 불타오르는 불꽃은 아니지만 내 안에는 여전히 작은 불씨가 살아 있습니다. 그 불씨를 발견하고 약간의 도움만 주면 돼요.

Day 50

그럼에도 나는 한 걸음 더 나아간다

Some days can feel stagnant.
Still, take a step forward.
Taking action can shift how you feel.

어떤 날은 정체된 느낌이 들 수 있다.
그래도 한 걸음 내딛어보자.
행동이 감정을 바꿀 수 있다.

더 이상 변화가 없다는 정체감은 마치 자석처럼 다른 부정적인 감정과 생각들을 끌어당깁니다. 정체감에 몰두할수록 실망, 무기력, 권태, 자책, 불안, 우울 같은 것들이 어디선가 나타나 나의 내면에 하나씩 달라붙어요.
하지만 감정은 흘러 지나가는 것입니다. 너무 깊게 파고들어 스스로를 수렁에 빠트릴 이유는 없어요. 감정은 흘러서 없어지지만 행동은 흔적을 남깁니다. 오늘의 한 걸음은 내일 하루 전체를 바꾸기도 합니다. 제자리걸음만 하고 있다는 기분이 들 때는 뭐라도 쓰고, 읽고, 말하고, 들어야 해요. 움직이세요. 어느새 나의 리듬이 돌아와 있을 겁니다.

Night 50

느리지만 단단하게, 보이지 않아도 확실하게

It's okay to feel tired.
Progress is often slow and invisible.
That doesn't mean it's not happening.

피곤한 날이 있어도 괜찮습니다.
때로는 변화가 느리거나 눈에 보이지 않을 거예요.
그렇다고 변화가 일어나지 않는 건 아니에요.

한 번만 해도 티가 나는 일이 있는가 하면, 아무리 해도 결과가 겉으로 잘 드러나지 않는 일도 있습니다. 그래서 매일같이 노력하는 일이 무용하게 느껴지는 순간이 옵니다. 손에 잡히는 것이 없으니 그럴 만도 해요.
하지만 어떤 방식으로든 꾸준한 노력은 반드시 성과나 보상으로 돌아옵니다. 오늘 하루 운동했다고 다음 날 바로 몸이 변하지는 않지만, 한 달만 계속하면 변화가 확실히 눈에 보입니다. 내가 쏟은 노력은 사라지지 않고 나의 과정 속에 조용히 쌓이고 있어요. 당장 보이지 않을 뿐, 그렇게 축적된 내공은 나를 하루아침에 다른 사람으로 바꿔놓기도 합니다. 어떤 모습의 나를 원하는지만 확고하게 품으면 됩니다.

Your Time to Grow
나를 깊고 넓게 알아가는 질문

1 예전만큼 즐겁지는 않아도 여전히 내게 중요한 일은 무엇인가요?

예시) 운동, 글쓰기, 캠핑, 친구와의 대화.

2 요즘 이 일에 흥미가 사라진 이유가 있다면 무엇일까요?

예시) 성과가 드러나지 않음, 주변의 인정을 받지 못함, 일이 너무 바빠서.

3 이 일이 내게 중요하다고 느꼈던 순간을 떠올릴 때 가장 먼저 어떤 장면이 떠오르나요?

예시) 몰두하느라 시간이 순식간에 지나간 주말, 누군가에게 알려주었을 때.

성장하는 나를 위한 문장 완성

1 이 일을 다시 편하게 해내기 위해, 오늘 나는

(을)를 해보려고 한다.

2 나는 나의 회복을 위해 매일

(을)를 루틴으로 삼을 것이다.

나를 한 걸음 더 나아가게 만든 문장들

특별히 마음에 남았던 문장들을 모아 한 번 더 적어보세요.
힘이 되는 글귀를 되새기는 동안 당신의 성장이 한층 견고해집니다.

나의 Day&Night 루틴 트래커

| Day 1 | Day 2 | Day 3 | Day 4 | Day 5 |
| Night 1 | Night 2 | Night 3 | Night 4 | Night 5 |

| Day 6 | Day 7 | Day 8 | Day 9 | Day 10 |
| Night 6 | Night 7 | Night 8 | Night 9 | Night 10 |

| Day 11 | Day 12 | Day 13 | Day 14 | Day 15 |
| Night 11 | Night 12 | Night 13 | Night 14 | Night 15 |

| Day 16 | Day 17 | Day 18 | Day 19 | Day 20 |
| Night 16 | Night 17 | Night 18 | Night 19 | Night 20 |

| Day 21 | Day 22 | Day 23 | Day 24 | Day 25 |
| Night 21 | Night 22 | Night 23 | Night 24 | Night 25 |

하루 두번, 필사를 마칠 때마다 이 공간에 나의 성취를 차곡차곡 쌓아보세요.

Day 26	Day 27	Day 28	Day 29	Day 30
Night 26	Night 27	Night 28	Night 29	Night 30
Day 31	Day 32	Day 33	Day 34	Day 35
Night 31	Night 32	Night 33	Night 34	Night 35
Day 36	Day 37	Day 38	Day 39	Day 40
Night 36	Night 37	Night 38	Night 39	Night 40
Day 41	Day 42	Day 43	Day 44	Day 45
Night 41	Night 42	Night 43	Night 44	Night 45
Day 46	Day 47	Day 48	Day 49	Day 50
Night 46	Night 47	Night 48	Night 49	Night 50

DAY&NIGHT 50일 영어 필사

초판 1쇄 발행 2025년 10월 24일

지은이 퍼포먼스 코치 제이, 퍼포먼스 코치 리아

발행인 윤승현 **단행본사업본부장** 신동해
편집장 정다이 **책임편집** 김윤하
디자인 최희종
마케팅 최혜진 이은미 **홍보** 반여진
국제업무 김은정 김지민 **제작** 정석훈

브랜드 웅진지식하우스
주소 경기도 파주시 회동길 20
문의전화 031-956-7366(편집) 02-3670-1123(마케팅)
홈페이지 www.wjbooks.co.kr
인스타그램 www.instagram.com/woongjin_readers
페이스북 www.facebook.com/woongjinreaders
블로그 blog.naver.com/wj_booking

발행처 ㈜웅진씽크빅
출판신고 1980년 3월 29일 제406-2007-000046호

ⓒ 퍼포먼스 코치 제이·퍼포먼스 코치 리아, 2025
ISBN 979-89-01-29801-6 (03740)

* 웅진지식하우스는 ㈜웅진씽크빅 단행본사업본부의 브랜드입니다.
* 저작권법에 의해 한국 내에서 보호를 받는 저작물이므로 무단 전재와 무단 복제를 금지하며, 이 책 내용의 전부 또는 일부를 이용하려면 반드시 저작권자와 ㈜웅진씽크빅의 서면 동의를 받아야 합니다.
* 책값은 뒤표지에 있습니다.
* 잘못된 책은 구입하신 곳에서 바꿔드립니다.